那些植物教我，關於活著的事

致讀者們

願此書 能使你 憶起

自己的根

紮根於土地裡的穩定感

春花媽

目次

推薦序

在努力尋找意義之前，不如先好好活著

——主持人、作家·曾寶儀

可能因為跟春花媽是朋友，可能因為我看過他的上一本植物書《跟一棵樹聊天，聽他的人生哲學》，可能因為我上過他的植物溝通課，心靜得下來的時候，我也會嘗試跟植物聊聊天。只是我沒有他功力這麼強大，植物給我的回應常常很簡短，依照人類與主持人的慣性，我總是覺得自己好像沒問對問題或是打攪到他們，常常沒聊幾句也就不了了之了。但春花媽不但能聊天，還能講神話故事給植物聽（看到植物們聽到神話的反應我有時會覺得真是夠了，人類真的很愛詮釋他者的人生，連不是同類都不放過）。

很羨慕。

我覺得他比我多了好多有趣的朋友，而且這些朋友都是大師，說出來的話常常直指核心。又像是哲學家，提出一些問題讓我們思考，我們是否已經困在自己的慣性太久，而忘了自己原來的樣子。

不管是柳蘭說：「忘了自己、忘了要活的，就看著我們，就會想起日子該怎麼過，知道自己該怎麼過，生活就不難，因為本來就不難，難的只是你分心去想別的事情，還以為那是對的事情。唯一對的事情就是讓自己好好地長大，順利地發揮，不然我為何是我自己……一定是有原因的啊，不分心就不會忘記，不會忘記就不會痛苦，專注成為自己，沒有受苦的空間。」或是黑莓說的：「每一個我都在為自己的存在而勤奮地付出，因為發生在我身上的，必然會回到我身上，成就我。」都覺得給當下尚在煩惱瑣碎，汲汲營營的我當頭棒喝。

這當中，被人類發現可以排毒，也被稱為「聖母瑪莉亞的乳汁」的乳薊的分享讓我不禁思考起來。「我也不能就專注受傷，我要先告訴自己，穩住傷口繼續生長，接受受傷的事實。不想死，當自己接受變化才是日常，不是一味地當自己就夠了。」「因為你們說的算，並不影響我的價值跟意義，我還是自己面對太陽水風，我身體受傷也是我療癒自己，不是靠你們，也不是聽你們的。」嗯，原來有療癒能力的植物，個性這麼地堅韌強壯。或許也就是他深諳療癒的意義，以至於也有療癒他人的能力吧！

人類不是常常說要愛自己做自己，這些植物大師可是扎扎實實地活出來給你看呢！

這本書像一份禮物，植物透過春花媽送給你的禮物。讓你明白，在你努力尋找大家口口聲聲說的「意義」前，不如就先好好當個人，好好活著。

或許，這就是全部的意義了！

推薦序

藉由溝通師，訴說出樹木不為人知的祕密

——日本樹木醫・詹鳳春

大地孕育了所有的植物、動物，世間萬物都具備生命力，透過大地孕育的力量，展現了萬物之靈。在《那些植物教我，關於活著的事》這本書中，以易懂的描述呈現了植物的思維，探討了植物生存所面臨的考驗，更感受植物知性的一面，引發深刻的思考。

樹木・植物是人類最長久的夥伴，然而，我們對始終保持沉默的樹木並不了解。作者將樹木傳達的情緒及思考，轉化為擬人化的口吻，訴

說著樹木不為人知的祕密世界。在我們看來，樹木只是環繞在生活環境中的一個有機體，卻未曾想過他們為了生存，以超乎人類想像中的智慧演化出一套生存模式。實際上，看似不動的綠色巨人，面對時刻的氣溫．氣候變化，甚至外來的藤蔓及寄生、蟲類及動物的侵襲等，在在反映出樹木的韌性與生命力。

樹木所具有的個性，是不斷在環境壓力適應中，展現具有的特質。每一種樹木都有獨特的「個性」，如楊樹自古以來為亞洲熟悉的的樹種，種植於宮城內河堤邊，喜潮濕，根系強韌；即使大水衝擊傾倒也能再次發芽，可感受其生命力之強大。作者在描述楊樹的特質中，提到根系的伸展，不斷抓地以宣張土地之主權，同時爭取日照，像是傳達出一種生存的智慧與決心。就樹木生理學而言，楊樹是樹木群中典型的「陽樹」，為追逐著日照，透過葉形的細長，自四面八方、各個角度毫不遺漏般地擷取陽光，同時下垂的枝條更是不放過日出與日落的光束。可以說是竭盡所能，看似無比柔和，實際上生存韌性到無法複製。樹木，像是沉靜無聲息地佇立著，實則不停息地進行環境適應以求生存。

藉由《那些植物教我，關於活著的事》這本書的描述，那麼，你又會想對這些樹木說些什麼呢？或許想貼近大樹幹訴說著悄悄話，又或者想走近樹木，感受樹木的生存意志。透過這本書，讓我們對樹木的認知有所不同，感受美妙的樹木世界。

作者序

植物給予人超越時間的陪伴

你有印象自己何時開始需要森林、需要植物的嗎？

我記得第一次在森林裡大哭的時候，是爸爸帶著全家爬山，然後他鑽入一個小山坳裡，黏著父親的我當然想過去，一直要吵著爸爸抱我下去。我爸一邊向我伸手、一邊突然翻轉我臉旁的大片樹葉，跟我臉一樣大有點絨毛的樹葉，結果葉背是滿滿的彩色毛毛蟲，突然其來的畫面讓我當場大哭了出來，連連退後，我記得那時候開始，我開始有點抗拒森林。

後來隔了很久，生活多數的時候我都是自己一個人，經過公園或是走步道時，雖然看見小草會停留、看見大樹會欣賞一下葉子，但就是植物是植物、我是我的感覺。直到有天，我看著山，突然就好想回去，就是一個我想回去的念頭，我開始可以在山裡面走很久，有時候順著山徑，有時候就是走入草叢中探險，森林對我來說好像都沒變，依舊有很多的昆蟲、也有很多動物跟植物，我好像比較可以看見自己在森林的樣子，而森林依舊是綠得讓我放下自己，回到植物裡真好。

第二本植物書隔了一大段日子才跟大家見面，其實在這期間，我還是常常跟植物們聊天，在一次次的聊天中，我益發覺得自己身為人的矛盾或是愚笨……

我其實滿常覺得自己無知的，不管是面對人、動物或是植物，那一份無知很多時候來自於「我理所當然覺得，對方是怎樣的存在！」我用自己主觀的理解去詮釋對方，並且也不見得給對方解釋的機會，任意決定距離或是評價；這件事情在面對動植物、特別是植物的時候，都更容易被深深打臉。但是他們不打我，只是對我理所當然用自己經驗界的方式去提問他們，他們多數都是感到不可思議或者覺得有趣，因為那一份不覺得被冒犯的寬容，我們常常得以拉近對談的距離，而不是停留在一個無法理解對方的位置裡，為此，我深深感謝自己可以與動植物溝通。

跟植物們聊天的感受很不一樣；一株植物也會有自己不同部位的理解與感受，所以同一陣風、同一段水，他們也會用自己的方式接受，然後允許自己有不同的接收方式，他們尊重自己的身體與感受，與同樣擁有很多細胞與感覺的我截然不同，我常常在問他們：「為什麼可以活得這麼有滋味？」

關於他們的答案，這本書有一些解答，也有一些陪伴，希望你可以給我們機會，讓他們的綠意也蔓延到你心裡自在的居所。

另外這本書的設計有點特別，我選擇了「廿四種藥輪」的植物來陪伴大家。

藥輪是源自於北美洲的時間系統，也是一種曆法，在他們的分類之中，每一個位置都有其所代表的動物、植物與礦物；我自己鑽研這套體系很久，也跟這些植物們反覆溝通與討論很多事情，然後～也開始對他們講故事，我們談了很多他們現在的狀況，也談到人是怎麼跟植物建立關係的，越談越覺得有意思，也越覺得植物每一寸的陪伴，在經歷時間的洪流依舊是深深扎根在人的生命裡。為此，我想要再站出來一次，從植物走向人，為你們講講，植物們說了些什麼、又如何看待人類的生活：）

願你們也跟我一起感受舒坦的自在，一如在大樹下、一如在土地上、一如愛。

最後謝謝編輯怪力貓，不論我如何地脫稿演出，他都可以不厭其煩地等我歸隊，一個編輯到底有要怎樣的心，才可以強大地面對我們這些溢出的作者呢？他們看到怎樣的風景，才會想要將這片光景留在書架上呢？真有趣～

然後，我要特別謝謝寶儀跟鳳春老師的推薦文！

寶儀對於我寫第二本書真的是最TM直接的助（壓）力，他常問我書咧、書咧，我都想回他說在土裡啊！終於，我在遙遠的東加群島，在大翅鯨的陪伴下，在每一個太陽還沒升起的日子裡，我完成一篇篇的綠綠文，也在每天落日時分看著跟臺灣不太一樣的植物型態時，感受不同風土給的養分，也一邊想著這個跟我截然不同的女人，跟我在同一塊土地上滋養出來完全不同的姿態，真的很趣味。

鳳春老師的推薦文，我真的是哭出來！我超～～～～～喜歡老師的啦！被喜歡的人推薦自己，我感覺好像自己好像是告白成功（？）不是啦！我感覺自己被認同又被理解了，那一份我從植物身上得到的情感或是身體回饋，我覺得鳳春老師一定很有感受的，雖然我們做著不同的事情，但是我們都希望人可以明白植物在我們身邊，是我們不可忽略的夥伴，是值得我們尊敬的智者，更是溫柔陪伴我們的存在。

深深被愛著，是植物他們給我的感受，希望這份感動也傳遞給你們。

植物其實比我們想像得更親近，願你也能看見那片環繞在身邊的綠。

願綠順流圍繞你我，幸福自在。

01

那我們就相愛吧

「你是被大家所深深喜愛的。」我看著一串串的山楂果說。

在結出紅豔的果實前，山楂樹上會開滿白色或是桃紅色的花朵，一朵疊著一朵，好不豐盛，讓很多昆蟲大飽口福，而後結成果實又讓鳥們吃很久。他習慣獨自一棵，蒼綠的葉子像是小手掌，樹枝長滿了刺，而山楂所在之地處處豐饒。

「所以你很願意成為大家的中

心呢！」風吹過他的葉子，每一片葉子都像在招手一樣，小小的手掌看起來有夠親切的！

「如果你來了，我們就是朋友，如果你離開、還記得我，我們也還是朋友，我們是彼此中心，不只是我你的中心而已。」

「但是你的周圍真的圍繞特別多的動物啊！」

「因為我只有一棵樹長在這裡，如果我希望大家多來幫助我，那我要更願意幫助其他生物才可呀！幫助他們就是幫助我自己，我也不用總是自己一棵樹承受天地，我可以跟大家分享我經歷過的時間，經歷過的太陽、月亮與風雨，這樣我們一起擁有的更多，不是更好嗎？」

「你自己也可以獨自擁有，不是嗎？」

「我在這不就已經都擁有了嗎？沒有誰可以跟我爭，所以我吸收、或是不吸收，都可以分享出去的；我可以變成我擅長而且喜歡的方式，讓大家更開心地接收到，不是更好嗎？」

「所以你本來就享受、也喜歡分享是嗎？」

「不然我何必一次就開出好多花、一次就結出好多果。但是即便是這樣，我還是有分的唷。花可以常常開，但是不可以一次開完，果實可以慢慢結果，但是也不可以馬上就都變成熟，不然朋友們都不來，我又孤單回去了。」

「不喜歡孤單嗎？」

「其實我總是孤單著的啊～你看這片山坡上，就我一棵，雖然有其他的樹在下面一點，但我們還是離得很遠啊！所以我在等這些會動的生物、等他們來到我身邊。」

「所以你花很多時間等待，因此不喜歡孤單嗎？」

「孤單跟等待是不一樣的唷！

孤單是我從決定發芽開始，就一直維持的狀態。我須要非常專注在孤單，然後拿陽光、抓水抵抗風，然後好好站在土地上，才可以生成一棵孤單的樹，『孤單』是我的狀態。『分享』是我喜歡的事情，因為我喜歡分享，所以就發生了等待，而等待是我成長過程中不擅長的，因為季節終究會回來。春天總是讓我知道可以更張開自己，來面對接下來的變化與豐盛；但是動物不一樣喔，今天來、明天來不來？不知道。是不是同一個？不知道。來了會不會停下來？不知道。吃過覺得好吃會跟同伴說嗎？不知道。因為都不知道，只好等，一直等待，那種感覺有點像是，差一點就可以吸到水，但水就是在我面前流掉了，那時候『等待』的感覺就變得很明顯。」

「所以不喜歡的是『等待』。」

「所以我並不是誰的中心。」山楂樹說。

「但是你願意你自己是誰的中心，因為你願意在這獨自開花結果，就算沒有果實的時候，你願意舒展你小手般的葉子，持續為大家提供樹蔭，不是嗎？」

「嗯，因為愛著呢～」

「愛著我們？」

「愛著一切呢。」

「但是關於你的故事，跟愛好像都有點沒關係，跟山楂你的樣子比較有關係。」

「喔～是嗎？說來聽聽。」

「因為你都是一株一株地生長，所以在凱爾特人的故事裡，你是一個特別的場域，人如果不小心踏入你的領土，就會迷失空間跟時間。山楂樹的範圍是精靈所掌管的場域，所以被放出來後，通常人間已經過了很多年了，進去的人可能失去了很多東西，只有他自己沒消失。」

「只要還活著，什麼事情都可以做，消失一下也無妨吧？」

「可能有些人他重視的人就不見了，這樣也會很可憐啊！」

「他如果還記得怎麼重視別人，別人就會重視他，不可憐的！」

「好吧！那在賽爾維亞那個地方，因為你的樹充滿很多刺，所以他們覺得用來對抗黑暗勢力，特別是吸血鬼，非常有效，他們還有一個咒語是說『願彼等之路布滿茜草與山楂的荊棘』。而且有還有一個非常擅長殺吸血鬼的女生，就是用你的樹枝來殺敵的唷！」

「我這麼兇？」

「人類把你說得這麼兇！」

「這跟我不像啊！」

「而且有些地方喜歡你的方式，也很有限制！」

「這又是什麼意思？」

「在英國這個地方，人們喜歡你在家的外面，但是不會帶你進家門。

因為你的味道會讓大家想起死亡的味道，所以就算你再漂亮，也不會帶著你進家門，因為會不吉利、會招來死亡。」

「有誰真的死了嗎？」

「不知道耶，英國人說的！」

山楂晃了晃自己：「我真不知道，你說的樹是不是跟我一樣的樹。」

「對啊，所以我才想要自己好好跟你們講話。」我嘆了一口氣，然後接著一股作氣地說：「人常常用自己的經驗，決定跟對方的關係，也會用自己的想法去詮釋很多事情，所以很多跟你們有關的故事，我聽著都覺得很荒謬！」我大力地搖頭。

山楂表示認同。

「我不能說我自己沒有誤解，可能我誤解的更多！」山楂敲了一下自己的腦袋。

「但是我很願意，在跟你們聊天的過程中，去釐清那些植物對你們來說，有沒有意義，也想讓你們從另一個角度來看人類。讓我們的關係，不用總是這麼單向，可能只是路過、可能一定要砍伐你們，我希望！」

我抬頭看著山楂樹繼續說：「我希望我們有關係！」

我的心跳變得很快。「我希望人類會因爲有機會了解你們，能夠對彼此更溫柔一點！」

講完我自己很緊張，有種在告白的感覺。

「你愛著呢。」

「我很愛。」

「那我們就相愛吧。」

關於山楂的冥想

看著自己的手掌心，順著紋路找到一根掌紋，想像它變得立體，然後變成一根刺。用另一隻手輕輕去被那根刺刺激一下、刺激一下，感受自己的矛盾，問問自己是不是真的喜歡與矛盾的自己相處。

來自山楂的提問

你有喜歡的植物嗎？
你會想問他什麼？

02

大家好像都喜歡你

「好像大家都很喜歡你。」我對南瓜說。

頹敗的小屋旁邊的半斜瓜棚上，有著乾枯的瓜藤，不知道是絲瓜，還是小黃瓜，我一邊猜著，一邊靠近看，結果還躺在地上，舒展著綠葉的是南瓜，燦爛的黃色一看到我就笑了。

五角形大大小小的葉子，當中有白色的紋路，開著黃色的花。現在已經傍晚，花苞已經收合，看著他碩大的花瓣，開起來一定很大朵。南瓜長得好好的，好幾顆碩大的南瓜，像是一個個的小太陽，在地上發光，只是他們看起來有點曬過頭的痕跡，很多凹下的白斑，想必已經在這裡很久吧？

脫下鞋子，我把腳放進他的葉子下，土地有點乾乾，我又問了一次：「大家好像都很喜歡你。」熱氣持續包圍著我們。

「是嗎？」

「對啊，大家都很喜歡南瓜。」

「因為我可以活比較久嗎？」

「那也是其中一個原因吧。只剩下你在這裡了，你在這裡很久了嗎？」我蹲低一點問他。

「可能吧，這裡不止一個我，我們已經長過很多次，然後又再長出來了。」

「這裡沒有人很久了嗎？」我抬頭看一眼房子，水泥剝落得嚴重，窗戶也只剩下窗框了，都不知道想留住誰，只留下空洞。熱氣持續在擴散，我又脫下外套，看著他的曬斑，他會不會比我更熱呢？「只剩你留在這邊，讓我想起一個有關你的故事。」

南瓜們有了好奇的反應。「故事？我的故事？」

「有一個地方叫做愛爾蘭，他們流行的一句話叫做『Jack-O'-Lantern』，是因為以前有一位叫做『傑克』的人，這世界有很多傑克，但是我們今天要說的這個傑克，對人類來說，是比較壞一點的那種。他會騙人類、也會欺負人類，可能他看見植物長得好好的，也會踢你一腳，或是假裝要澆水，但其實是對你尿尿。總之就是一個不學無術、滿口謊言又愛欺負人的傑克。」

「南瓜是傑克？」

「不是啦，你還沒出現。」

「我在這邊沒有欺負人，他們不長了，我還是繼續長。我們很安靜、很好，不打擾誰，而是好好地繼續生長。跟大地分開、然後再繼續在一起，回到大地，不打擾誰、也沒有欺負誰。」

「所以你是南瓜，不是傑克。傑克做太多壞事，而且他也敢做別人不敢做的事情，終於等到他要死的那一天，惡魔要帶他去地獄的時候，他連惡魔都騙，讓惡魔中計，無法帶走傑克的靈魂，空手回到地獄的惡魔被大王給懲罰了，傑克還得意地笑著！真的是非常地壞⋯⋯

但是終於傑克的身體還是老了，老到無法容納他的靈魂，於是傑克的靈魂飄出了身體，往天堂的方向移動。但是傑克實在做了太多、太多的壞事，根本進不了天堂，他只好幽幽地飄往地獄，但是因為當初他騙了惡魔，所以連地獄都進不去。哪兒都無法去的傑克又找上了惡魔，惡魔只能讓他回到原來的地方，因為連地獄裡都沒有傑克的位置。

於是他的魂魄，孤單地走在幽暗的路上，陰冷的風一陣陣吹來讓他更覺得可怕，他在心中喊著惡魔，幽怨的聲音讓惡魔不得不現身。傑克哭著說：『給我一點光好嗎？這裡太暗太暗了，好可怕，你給我一點光好嗎？』惡魔也沒在這條路上見過人，他理解傑克一定覺得很可怕，就給了他一點點火，傑克驚嚇地拿在手上不知道該如何是好，慌忙中看見路邊的南瓜，就把南瓜的囊挖出來、當作燈籠。傑克就這樣一直在人間與地獄之間徘徊，很多人經過他，都先看到他那顆南瓜燈，才看見他，但是沒有人記住過傑克，他就反覆提著燈走著、走著……」

一陣風吹過，葉子被吹翻，整顆南瓜被完整地看見，他身上有一個爛掉的洞，才剛開始爛，不確定是太陽曬傷還是水積出來導致的潰爛。

「我裡面爛掉了，所以我要去陪傑克嗎？」

「你的裡面可以放火嗎？會很燙唷，我不確定……這樣你還可以維持你的形狀嗎？而且你有想要陪傑克嗎？」

「他在那邊很黑，是嗎？」

「應該是很黑、也很冷，跟我們這邊不一樣。」

「你看到我的時候笑了，跟傑克一樣嗎？」

「我想應該是一樣的笑了，雖然他的笑可能苦苦的，但是我想他是笑出聲音來的，因為看見你。其實大家好像都很喜歡你，我只是講了一個比較怪的故事，但是其實你、南瓜你、你在世界上、大家都喜歡你。不是說你長得好看，就是說你好吃，也有人覺得你很吉祥，或是說很豐盛，總之大家都喜歡你。」

「壞掉的傑克也喜歡我。」

「對啊，連壞掉的傑克也喜歡你，所以說大家都喜歡你。」

「但是你一開始的時候，說了『好像』……」

「因為我不知道，你想不想要被喜歡呀？」

「但是你看到我就喜歡我了，那我能不被喜歡嗎？」

「可以啊，不回應喜歡你的人就好啊。」

「我不是那種南瓜，我們都不是那種南瓜，我們花很多的時間才生長出來，長出來又花很多時間才成熟，都已經生出來了還要等你喜歡，太慢了，我已經喜歡我自己了！而且我就是因為喜歡我自己，才會出生的，才會從很小很小開始等，等自己長出來，等到我終於可以變成一顆南瓜。然後我還要等，等自己慢慢地成形、變大、變成一顆大南瓜，只要我的母株還牽著我，我就是會一直長、一直長，長到有人需要我，將我取下、將我剖開，才能吃我的瓜肉。蟲吃不到、鳥吃不到、沒有其他動物可以啃食我們，我們在等你們，但是你們忘了喜歡我們了。你們已經很久都沒出現了，出現的人也不會對著我們笑，也不會打開我們，你們還喜歡我們嗎？我們沒有忘記當初你們是如何快樂地種下我們，讓我們重回大地懷抱，我們用力地生長，跟陽光吸收更多的甜，我們知道你們吃我們會開心，我們都記得，但是你們『好像』都忘記了，就是你說的，你們『好像』只是喜歡我們，只是這個『好像』不是真的。」

風還是很熱，頹敗的小屋看起來又更老了一點，這欉瓜從瓜架下蔓延到屋內，房子連門都只剩下半扇，南瓜藤長回房子裡，少了陽光那邊的葉子小很多，也不太有精神，外面空地上的，綠意盎然一大片與整個灰撲撲的空間相比，顯得生氣張揚。

「我喜歡你啊，南瓜。只是我現在無法喜歡你，也無法將你打開來吃，因為我沒有工具可以將你割下。你的母株很強韌、很愛你，很難將你解開，而我沒有足夠的力氣將你帶走……就算我帶走你，距離我能打開你來吃，也可能要很久，你還是要等。我喜歡你，但不是用你想要被喜歡的方式；就算是跟大家一樣喜歡你的方式，不過你說你爛掉了，可能也不能吃了。」

「我不是第一個爛掉的南瓜，在這裡……很多南瓜就這樣爛掉了……」

「這裡真的太久沒有人，沒有人需要你們，你們覺得有點浪費是嗎？」

「沒有打開我們，長出來的一直是我們，一直爛掉再長出來。我裡面的生命不知道自己接觸陽光跟土壤就可以活出去、活下去～他們沒有這樣體驗過，就這樣爛掉了。傑克那時候挖出的我們，一定有讓那條路長出新的南瓜，有了我們，那條路就會好看多了，我們很會長，讓土地變得翠綠又開出太陽，我們適合在任何有人的地方，等待自己變成好吃又好看的樣子，讓你們喜歡的樣子。」

「對啊！大家都喜歡你們，大家都喜歡南瓜。」

「南瓜也喜歡大家，喜歡被吃啊。」

關於南瓜的冥想

雙手分開放在胃上，一手在前、一手在後。
請回憶起一個關於食物吃得飽又吃得好的記憶，感受那次的「滿足感」。
將那幸福感聚攏變成黃色的光，再變成南瓜的模樣，請再吞下一次。
讓南瓜也可以感受你喜歡他的感受。

來自南瓜的提問

如果喜歡跟不喜歡總是放在一起，
那你還能好好喜歡嗎？

03

人類分裂的起源？

「你為什麼要一直看著太陽呢？」我問向日葵。

一望無際的向日葵田，大家都長得很高，看到很粗的莖直挺挺地撐起跟臉一樣大的向日葵，大家還都向同一個方向看著。由於氣氛過於莊嚴肅穆，我也忍不住跟著一起看著太陽，但是我無法直視，所以我低著頭問。

「你也可以看其他地方，但是我們喜歡看著太陽。」

「為什麼呢？」

「因為把自己曬得跟太陽一樣，我會散發出更好聞的香味，更多蜜蜂跟蝴蝶都會來我這邊，來我的身上踩踩我、帶走我，讓我可以再分散出去，在其他地方再生長出來，再抬頭看太陽。我們從小、從裡面、從開始就是喜歡太陽。」

「所以心裡跟身體都好喜歡？」

「你喜歡的事情，會分成心裡喜歡跟身體喜歡啊？」

「嗯～會，有時候心裡喜歡，但是不會說，有時候身體喜歡，但是也說不出來？」

「你有好好地、一直看著太陽過嗎？」

「沒有，因為我有眼睛，一個跟你不一樣的結構，一直看著太陽眼睛會壞掉，會無法看見、感受這個世界。所以我會給太陽看，但是我不會一直看著他。」

「這是不是……你身體跟心裡分開的原因？」

「蛤？」

「我全部都看著他，所以我的心裡跟我的身體都一起需要他，不用分開。」向日葵說完又更抬頭向陽了些。

「如果我的心裡跟身體是分開的，我不會知道我需要的事情，如何從我的身體進入我的心裡，如果不能進來我的心裡，我又為什麼需要，也不會看著太陽了？」風吹撫他的葉子，他依舊穩穩地看著太陽。

「我看著他、看著太陽，就是因為我需要，需要的事情才需要做，這樣身體才會是我的，我才能知道我就是我，而你是你。我是需要太陽的，但你是不需要太陽的，所以我們是不一樣的。」向日葵繼續說。我用手蓋著自己的臉，試著在指縫中看見不完整的太陽。

「我確實不像你一樣，這麼需要太陽，我跟你也是很不一樣的兩種

生物，你需要吸引的是很多種昆蟲幫助你擴散、傳播下一代，而我沒有這樣的需求。」我又再度低頭，然後蹲下來。

「我需要太陽的方式，在身體跟心裡是不一樣的。太陽可以幫助我的身體變得更健康一點，因為有些物質，需要靠曬太陽才會有，像是你說的暖暖；有時候我的心裡需要太陽，是因為裡面太黑，但是因為我記得太陽的樣子，所以我希望他可以在黑暗裡面重現，或是說我希望他可以出現照耀我黑暗的內心。可能就像是你說的，我因為內心跟身體需要的不一樣，沒有統一的需求，沒有在同樣的時間，理解自己需要太陽。從第一個黑夜忘了太陽，然後接下來更多東西就被忘記，身體可能留在黑暗裡，但是心裡還記得太陽的溫暖跟顏色，所以身體跟心裡就越來越遠，遠到我都不知道自己需要什麼了。」我說。

「很多人都跟你一樣嗎？不知道自己需要什麼了？」

「很多人嗎？」我低頭沉思，腦中出現一些人，又散出了一些身影。

「我可以跟你分享一個故事、關於你的故事，這是很多人對你的印象，也許可以回答你，人類是不是都跟我一樣，不知道自己需要什麼。」

我再度舉起手，當作屋簷擋住我的眼睛，對他說話。

「以前有一個地方叫做希臘，那邊現在也有很多像你一樣的花，生長在那邊，那是一個有很多故事的地方，其中一個故事跟向日葵有關：主角是一位叫做柯萊蒂的湖澤女神。有天柯萊蒂跟他的姊姊一起在森林裡遊戲時，看到了另一位男神阿波羅：他是每天駕著太陽車出現的使者，也是那個地方最俊美的男神；柯萊蒂只看了一眼，就瘋狂地迷上了阿波羅，完全無法將自己的目光轉移，不斷狂熱地看著男神阿波羅，隨著他的車移動，眼球直勾勾地盯著不放，每分每秒地看著，就這樣足足看了九天九夜。

柯萊蒂的目光緊緊盯著阿波羅，完全沒有餘裕照顧自己，臉頰也凹下去了，頭髮也亂了，身上的衣服滑落也沒有拾起，就只是這樣目光炯炯地望向太陽，然後不斷地消散自己的生命力。

於是眾神憐憫柯萊蒂癡情的行為，決定把他變成一株向日葵，讓他總是可以看著太陽，向著太陽，看著自己所愛的軌跡。」

「所以你的意思是，我是看著太陽的『柯萊蒂』，我已經是一個女神，然後喜歡上一個男神，就變成『向日葵』了？」

「故事是這樣說啦，但是你不一定就是柯萊蒂啦！」

「但是他跟我一樣，都喜歡太陽，因為心裡知道、身體也知道，所以就變成向日葵，一直看著太陽，一直喜歡太陽。」

「對。」

「怪怪的，我就是喜歡太陽，不用喜歡阿波羅喜歡到變成向日葵，我本來就是向日葵，這個故事好奇怪。我就是心裡喜歡，所以身體跟著就喜歡，我沒有改變我自己，我就是我自己，從一開始就是我的心跟著我的身體、喜歡上我喜歡的東西，不用改變啊！改變是因為我不需要，那我換一種方式喜歡才對啊，怎麼會是因為喜歡別人才改變呢？我本來就是我本來的樣子啊！」

「我想這個故事，就是表明人類不懂你們吧～因為我們能明白你由內而外的專心一致，所以我們要改變你，讓你變成我們懂的樣子，由我們來定義你們，就是一種人類以為了解事情的方式吧！」

「那你有從心裡了解我們了嗎？」

「可能沒有……因為從這個故事裡，大家不會想到你的心裡跟身體是在一起的，只會說那個女神好癡情、好傻，或是說那個男神好冷酷之類的吧？」

「那你呢？你會說什麼？」

「我可以理解柯萊蒂是位身心統一的人，但是我又會想，可以這麼簡單就深深喜歡一件事情到無法自拔，連自己都不願意做，這樣的心意，難道不是一種背叛自己的做法？真的可以喜歡一件事情、喜歡到連自己都不要了，那是不是也是一種沒搞懂自己要什麼的表現呢？」

「你想事情的時候，身體跟心比較在一起，但是你看東西的時候，常常都東看西看，跟在我花上的昆蟲一樣。」

「蛤？」

「如果你跟我一樣，你會專心在自己身上，不管你是什麼樣貌，知道太陽在哪裡，知道對自己喜歡的事情充滿熱情，你不就可以好好活著了嗎？而且還是快樂高興地活著，其他跟喜歡無關的事情，就是你不再想著自己，所以你會困惑、會覺得奇怪、會覺得不喜歡，不是很正常嗎？你就是忘了自己啊。我們向日葵在做向日葵的時候，就只當向日葵；當我乾掉、枯萎到地上去，我就變成土壤的養分，我的身體跟我的心一同改變了，所以就不會向著太陽，我要改做泥土了。如果身心一直都在一起，有什麼能夠背叛的嗎？你們人真的沒搞懂，講的事情裡面跟外面也都不一樣，所以大家才會各說各話啊。」

「是這樣啊，人的分裂，原來是從自己內在開始的啊……」

關於向日葵的冥想

順順地呼吸三次，然後再深吸深吐七次，吐氣都比吸氣長。
然後將雙手輕輕放在胃上面，感覺自己胃的呼吸，跟著他的律動，順著他順順地擺動自己的身體，在此過程中感謝胃在陪伴你的時候，充滿包容地消化你攝入的食物與情緒，全面吸收。

來自向日葵的提問

太陽之下，看見真實，你能全面注視光明、
也飽含黑暗的存在嗎？

04

總是在討厭的旁邊

「你都被放在討厭的旁邊？」

我邊摸艾草邊說。

公園裡面就艾草長得矮矮的，葉片會不斷分岔、然後鋸齒的邊緣、稍微稍微深一點的綠色、看起來有點霧霧的。其實在很多老公寓的陽台也會有他的身影，常常陪伴艾草的是枯萎的盆栽，只剩他自己獨自地生長著。

我躺在灌木叢旁邊的艾草前，這裡只有禁止遛狗，但沒有說禁止躺人。沒有人發現我躺著，麻雀跟白頭翁在旁邊的大樹看著我，有點困惑，但是誰也沒有為我停留，我試著往上移一點，更靠近艾草，聞聞他的味道。

「其實、真的、你的葉子真的是要揉一揉，味道才會很鮮明，讓人無法忽視你的存在。但在你就這樣生長的時候，頂多就只覺得是一團很有精神的草。」

「你也想要摘一點我嗎？」

「不用啊，我只是在說，你有自己的味道，人類覺得很有用，所以常常來取用你，雖然我不知道這邊的公園有沒有在管理，其實不能這樣對你。」

「每天都有人來取我，有一個老老的阿婆，他在太陽出來沒多久，就會過來摸摸我的頭，跟我講話，然後說謝謝，摘了一兩葉我，在我面前揉爛，然後把葉子擦在他自己的腳、手跟額頭上，然後再說謝謝、謝謝、神明保佑。」

「每天？」

「對啊。」

「哇～那你是他的神明了，給他很多勇氣跟祝福。」

「我覺得阿婆遇見我，有很多簡單的快樂，但是他離開我的時候，總是嘆氣的……應該說我常常不是聽到他的腳步聲知道他來，而是聽到阿婆邊走邊嘆氣，夾帶著咳嗽的聲音，知道他來了。他總是選一片好的我、跟一片比較乾的我，兩個揉在一起。」

「他會跟你說話嗎？」

「你是第一個跟我說話的人。」

「你知道他為什麼會覺得你很有用？會把你當神明嗎？」

「不知道。」

「那我跟你說，人類是怎麼看你的，你有你的故事。」

「會跟阿婆有關嗎？」

「你先聽聽看啊～」

「說吧。」

「以前有一個人叫神農氏，他每天花很多時間在吃草，或是說各種植物。因為他會觀察植物跟植物的關係，還有植物跟動物的關係，他想要把植物好的地方運用在人類的身上，也就是向自然學習趨避與共生的方法。

他每天都吃很多草，有時候也會吃到中毒，他就會用自己之前使用過可以解毒的草來幫助自己。但是疾病實在太多了，所以他努力的程度常常趕不上死亡的速度，不過有天他正好遇見死神了……

那個夏天，很多人因為突然的病，上吐下瀉不能吃喝又一直發熱。神農氏找不到相應的草藥幫助大家，那是個大家都很難受的夏天；有天夜裡神農氏睡不著，趁著滿月的光可以更亮地照在大地，他決定外出尋尋，看是否有機會再看看不一樣的藥草，走到江邊的時候，突然聽到沉穩的腳步聲跟對話的聲音。

他覺得很奇怪，天色這麼暗，對方怎麼可以輕易地行走，還可以不急不徐地講話，他蹲下來看前方；前方迎面走來一黑一白、一高一矮的兩個人，正在焦急地對話著。

白高個皺眉地說：『死得不夠多啊！』

黑矮個摸著頭說：『這樣就要換我們死了！』

白高個突然笑出來：『我知道了，我們去找他幫忙？』

黑矮個一個踉蹌：『誰？誰可以幫我們！』

白高個快步往前：『瘟神啊。有他出手，這樣人類死最快，我們就不用一個一個勾、一個一個拿，遇到那種不想死的，還要拉很久，真的很煩！』

黑矮個急忙跟上：『對啊！超討厭那種要死還不乖乖受死，都要死了還不甘願，吵死了！但是瘟神到底是誰啊！』

白高個：『你先快點跟上，每次都等你，死人都死兩次了，你都還沒走到！』

黑矮個：『不然你試試看長這麼矮，就會知道矮子快起來就這麼快啊！先看到也不會死順一點，好嗎？』

白高個：『你就是話太多，走太少，走啦，我們跨過這小支流，去請瘟神來幫我們！』

一高一矮就輕盈飄過支流的小溪，神農氏邊趴著邊往前爬，看他們去找瘟神。

他才渡過小支流，一陣撲鼻的腐爛味油然而生，神農氏往自己的鼻孔塞了一點藥草，繼續看著他們。

白高個把腰彎得很低，都快要跟黑矮個一樣矮了，然後眼前突然出現一個穿著破爛衣服，臉還一直滴出水的人。那些骯髒的水，感覺就是臭味的來源。雖然很驚訝，但是神農氏一點聲音也沒有發出。

白高個：『瘟神大人你好，這次真的需要你幫忙呢，地府太空，閻羅老大需要人下去工作，但是我們努力抓，連生火的人都抓不齊，可否請你大方出手，讓我們不用夜夜操勞！』

瘟神：『要死多少人啊？』

黑矮個：『越多越好啊，我們已經好幾個月晚上都沒休息了，他們都要死不活地拖我們流程，以為死神都不忙、都不累的啊！』

瘟神：『我知道了，如果是閻王大人需要幫忙，我當然會出動。』

白高個：『謝謝謝謝，千謝萬謝，實在太感謝！』

黑矮個：『謝謝謝謝謝，誒？瘟神大人，要死很多、不是要死光光，你會不會都搞死大家了啊？』

白高個狠狠地踹了黑矮個一邊咒罵：『你是會不會講話啊！』

黑矮個趴在地上：『死光光我們會更忙捏，而且這樣以後就沒工作，很麻煩誒！』

瘟神：『你們這些死人怎麼也跟活人一樣麻煩，一下要、一下又不要！』

白高個：『不是、不是！不要聽那個矮子說渾話，要死、要死的啊！』

瘟神從他腰間的包包甩出了幾片皺皺的葉子：『有這個草的地方，我去了傷害不了多少人，如果真的死太多，你們就丟幾片葉子去那個地方，人就不會死了，拉個幾天肚子，也就清爽了！』

黑矮個：『這麼好，那我也要。』

黑矮個接住藥草，而腐爛味也同時消失，瘟神也不見了。

神農氏在黑暗中記住藥草的味道跟顏色，沿著江邊開始找一模一樣的藥草，發現了艾草，取了許多把帶回村落，一一讓大家服下，那年的夏天，這個村莊再也沒有死過人。」

「所以我真的很厲害呢～」

「對啊，你又厲害又好用，大家都用你來驅邪，也認為吃你可以治百病。」

「所以人遇到討厭的事情才會想到我，我總是在討厭的旁邊。」

「誒，你這麼說也是捏！可是你給阿婆很大的安慰，他很寂寞吧，誰都無法依靠，只能靠你了。」

「依靠我就可以獲得安慰？其實啊……一整天，也只有阿婆會專程來看我。」

「對啊，雖然是因為討厭的事情來找你，但是找到你，就不討厭了。」

「所以總是在討厭旁邊也很好。」

「如果你覺得好就好？」

「其實我會希望他也快樂一點，阿婆只有一次坐在我旁邊，我對面的那個椅子上，那天有點冷，他比平常更晚一點到；我已經習慣看到他，習慣他的手摸摸我的頭，然後東摸西摸地選兩片葉子，但是他那天這樣做之後並沒有直接走開，而是坐在對面的椅子，開始講話。我聽不太懂，但是我知道他開始滴出很多水，就跟葉子離開我一樣，他也擠出了很多水，我知道，阿婆也受傷了，但是我無法跟他說謝謝，他就這樣擠了很多水，還發出了很多聲音，我試著跟他說謝謝，看他會不會好一點。他跟你不一樣，什麼都聽不到，就這樣流著水，然後最後摸摸我又走了，但……那次沒有摘下任何葉子……

我想那天的阿婆，也有討厭的事情發生吧，但是他沒有讓我幫他。」

「所以對阿婆來說，你一點都不討厭吧。」

「好幾天沒看到阿婆來，我開始有點討厭這裡的感覺，會想他。」

「討厭想念啊～」

「嗯～討厭……」

關於艾草的冥想

請找一張艾草的圖片，品種不拘，順眼入心就好。
深呼吸三次，帶著自己沿著葉片的邊緣行走著，手一邊開、合、開、合，練習把不要的東西放手讓它飛揚，讓自己淨化。

來自艾草的提問

會讓你好的事情一直在，
你都會選擇讓好的事情都在你身邊嗎？

05

我陪著你們很久了

「真的會很想握住你一下……」手伸得直直的我對香蒲說。

看著他熟成的莖，上面有成熟的毛絮，就像是一根根咖啡色的蠟燭，上面有小小的冠冕，大家都像公主、王子一般，在風吹過的時候，禮貌地點頭，在相遇的瞬間就繼續產生後代，有種只靠親吻就懷孕的既視感。

一邊覺得自己的想法很浪漫，一邊覺得自己的想法很天真，我繼續看著他們，葉片輕輕掃過我的頭頂，幾撮頭髮被撩起。

「你的葉子很輕。」

「嗯，他掉落在地上的時候也沒聲音。」

「那你的葉子生出來很快嗎？」

「我的葉子生出來不快，應該說很慢。慢，而且有天他生出的顏色就會變淡，即便他還是我的葉子，但是會變成完全不一樣的。不像你們可能是一邊變顏色一邊死掉，在我死之前葉子的顏色會變得很淡、很淡，然後我死掉的那天，又會跟你一樣，葉子在我的身上，然後我慢慢地變乾，水分遠離我。」

「那你的葉子喜歡水嗎？」香蒲問著。

「我的身體比較喜歡水，但是我的葉子如果一直泡在水裡，我會覺得很冷，會一直想要把他用乾，不然我的身體會不舒服。」我接著解釋起來。

「我的根也比較喜歡水，你的根喜歡水嗎？」

「我的根和我的葉子一樣，都只能泡一下水，但是不可以一直在水裡，我會不舒服，身體會覺得寒冷，冷到縮小，然後會生病。」看著自己的腳我說。

「那你真的是跟我不一樣的植物呢～」香蒲笑著說。

「對啊，因為跟你不一樣，也無法用跟你們一樣的方式，觸碰彼此就覺得很有愛、很有感情，所以會有點想偷摸你～」講完我自己笑了出來。

「真的會想偷偷握著你一下，沾滿你的花粉，再去摸摸別株，不知道這樣算不算有幫上你的忙，但是終究會有很多花粉停在我手上，這樣又覺得對你的生命太浪費，所以就也不太算做了什麼……」

「不是你，也有風會吹散我，只是他帶我去比較遠，你就只是在這邊玩一玩。」

「對啊，所以我忍住了，我不想玩你。」

「還有水，也會帶我去有水的地方，我會再長出來，然後一樣長成一片、很大一片，我們總是喜歡聚在一起，誰都可以帶我走，但是誰都帶不走我們，因為我們開始長在一起時，大家就喜歡串連在一起，一個跟著一個，根繫著根，從開始最小的時候，我們就在一起。一直在一起變成我們的念頭、我們的歌、我們的樣子。」

「你~很喜歡跟你們在一起嗎？」香蒲散發一種不解的訊息，覺得我好像沒聽懂他的「一起」。

「喜歡啊，當然喜歡啊，你看我們，從開始生成就是在一起，就算長成了一根根的我們，還是喜歡跟對方在一起的。我們喜歡鬚根相連的連結，跟小時候用很小的身體靠著對方是不一樣的，而且當我們分離的時候，一顆顆懸掛在天上，被風吹起來一次又一次，一個個孤單的感覺讓我害怕，也讓我覺得空虛，好像我不能被放在空氣裡、什麼都沒有，

我那時候不那麼喜歡風。我比較喜歡水，水會整個把我包住，讓我有種跟家人在一起的感覺，會讓我安心，也會讓我覺得我快要變大、變強壯。我可以靠我自己與我們家人連結，然後我可以生出一片我的家人，當我長大的時候，我會再度喜歡風，因為風吹的時候葉子摩挲著對方，我跟所有的我們一樣，我們又再度相愛、再度與我們一起再繁衍，在我們的根無法吸水之前，我的小孩、我的子代們，會走跟我們一樣的路，只是會遇見不同的風、會遇見不同的水，他們會去未曾去過的地方，成為一樣的我。光是想到這樣，我就更有力量、也更想長大、生成新的我們；能在一起、能夠跟其他的種子一起，我不會獨自離去，我們是屬於彼此的。」

聽了香蒲的說法，深深感受到包圍彼此的溫暖，在他的訊息之中，我也被一層層的香蒲包圍著，好像也跟他一樣，越來越喜歡水，但是當我又再度意識到溫度的時候，我小聲地說出……

「我真的無法說出『我們是屬於彼此的』這種話，聽你把自己放在大家之中，可以變得這麼幸福，我覺得好棒、好棒，但是我無法想像自己會屬於哪一個『我們』，而哪些我們又跟我長得一樣、想得一樣、喜歡一樣的東西。」

「那~不然你是屬於誰的嗎？」

「我沒有屬於誰，可能連我自己都不屬於我。」

「你不屬於你自己？那你知道自己是誰嗎？」

「要在人類之間說明自己是誰，對我來說不難，但是要在世界或是動物和植物面前說清楚，我想是不容易的。」

香蒲被風吹著，持續地搖曳，我不確定這句話是否有傳遞出去，但是我們一起被風吹著。我試著跟他一樣，讓我的幾根葉子也沾染他的花粉，只是沒有花粉停留在我的頭上，風還在吹，濕潤的地面也持續流著水，我想應該有很多香蒲的孩子又出去了……

「其實，我們不在意你是誰。」香蒲輕輕地說著。

「那也滿好的啊，不管錯過或是沒錯過，我能夠遇見你和你們，跟你說話，就很幸福了。」

「你很容易回歸大地嗎？」

「我可以趴很久，但是能不能很快地回歸大地，就真的滿難說的，通常不太容易，就算開始爛掉，也要花很久的時間才爛掉吧？」

「那你還這麼不在意，真像很小的草，小小的草總是比我早生出來，也比我們早乾掉；如果你是我們香蒲，我們連乾掉都會花很久的時間，然後才會很慢、很慢地回歸大地母親。」

「難怪你們常常跟死亡連結在一起。」

「什麼意思？」

「有一個地方叫做『埃及』，在那個地方，你們被稱為「iArw」，你們總是一片片、巨大地一片連著生長，在死後的世界靠近太陽方向的地方，那裡長滿了你們。然後死後的靈魂可以在你們之中安居樂業，好好地生活、永恆的幸福，不用再投胎再做人，就在你們之中好好生活。不知道會不會有人變成香蒲，我想那也是很幸福的事情。」

「那我們陪你們很久囉……」

「很久唷，從生到死都陪。」

「那我們在那邊也幸福嗎？」

「我好像沒在那裡死過，所以我不知道，但是那邊據說有很多的你們，所以我想應該是很幸福的。因為你們不是喜歡一大欉在一起嗎？不管是文字的傳說或是畫的傳說，你們在裡面都是很大一片，一望無際的一片，人類眼睛看不到的地方都是你們。」

「然後也有你們。」

「對，一起幸福著。」

「那我們有彼此很好啊。」

「嗯，對啊。」我們一起笑了。

關於香蒲的冥想

在洗澡的時候，花點時間澆灌自己的腳，讓自己浸潤在水之中，感受自己的皮膚有種張開的感受，用自己的手順勢從腳踝往腳趾走，想像自己長出很多的鬚根泡在水裡，被水梳理著，然後變得更深更長，與大地媽媽更連接著。

來自香蒲的提問

人總是會選擇孤獨嗎？

06

幹嘛要愛？

「你們真的是很多不同的你聚集的合體嗎？」看著水，我問水藻。

你在水罐裡，來自日本，小小圓圓、深綠色的水藻身體，有些飄散的苔絲在水中飄浮著，如果不晃動水，就幾乎沒有移動的感受，看著小小的綠色身體一直散發著深深的綠意，覺得你們本來好像就喜歡這樣靜靜的樣子。

「所以你們到底有沒有在長啊？」輕輕敲著瓶口，我問著。

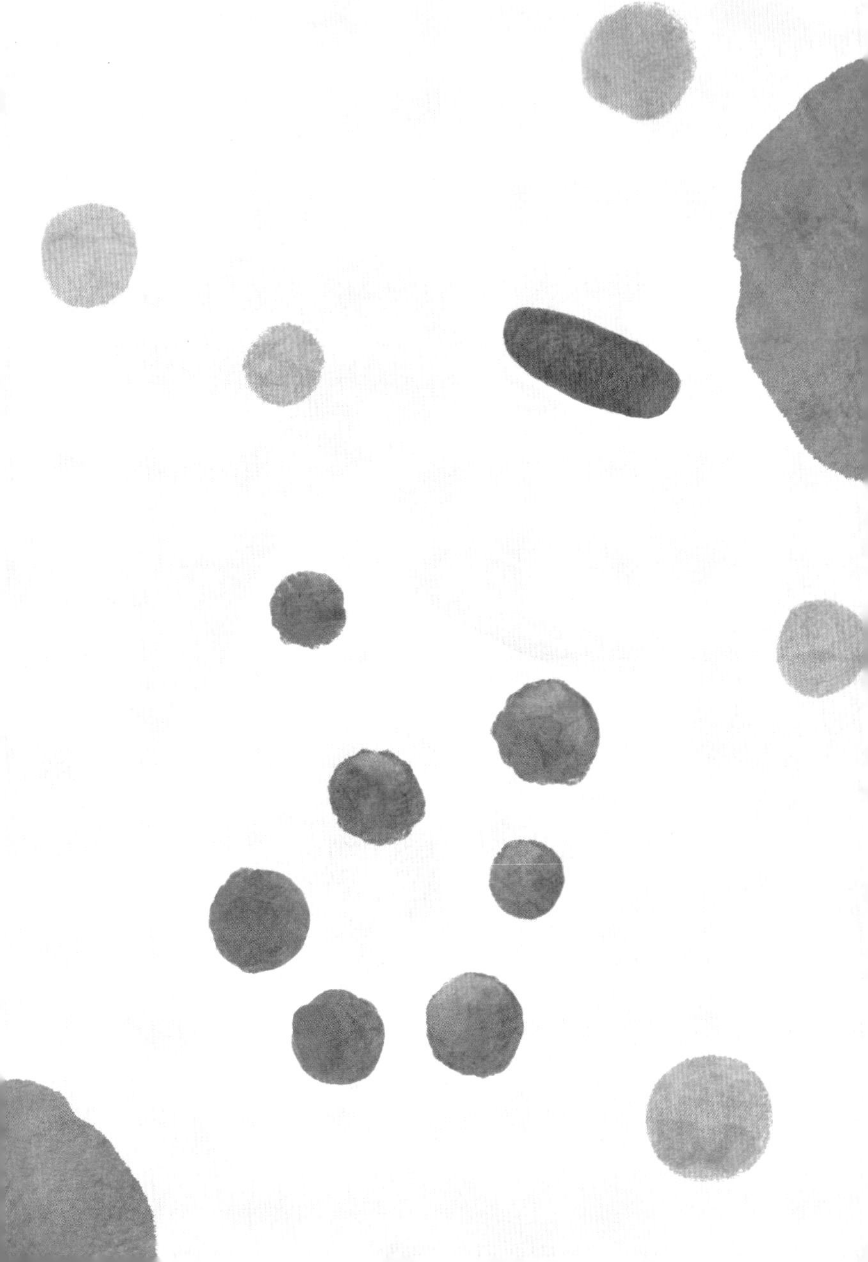

「有啊，因為你一直給我們新的水，我們需要用不同的方式去接受水啊。」

「所以我一直換水不好嗎？說明書說要換水，你們才會健康啊！」

「說明書是誰？他們很了解我們嗎？他是跟我們一起生長的嗎？」

我聽到整個笑出來。「說明書應該不是跟你們一起生長的吧，雖然他在做說明書之前也應該是樹，但是我想應該不會巧到生長在你生長過的水域之中。」

「所以啊～你就問我或是我們就好，不用問說明書啊，你都可以跟大家講話了，為什麼要問不是我們的說明書呢？」

「所以你有很多你、是不同的你們，對嗎？」

「對啊，你看我，我是這一個，另一個短短的不動的是另一個，這裡有很多的我們集合在一起，大家雖然都喜歡水，也需要水，但是每一個藻需要水的方式不一樣，我們在一起容易聚攏水，好讓我們隨時有水喝，但是大家的呼吸與節奏不一樣，所以與水相處的方式也不一樣，我們這個裡面有很多不一樣的藻動。」

「藻動，好美的字，聽起來有種獨特的律動感。」我們互看彼此很久，對彼此都很滿意。

「你知道你們是很特別的植物嗎？人類稱呼你們為植物，因為你們這個種類的植物可以很小、很小，也可以變得很大、很長，小的比你現在還小，大的可以大到六十公尺，就是比你住過的水還深很多很多的地方，而且你們可以生成很不一樣的樣子，在不同的水裡面都可以生長，你們又特別又厲害。」

「你不能長得更大了嗎？」

「我嗎？應該是真的不行了，因為我已經老了，老了就是一個會活動著，但是不會再變得更大、更強壯，只會不斷地老化、萎縮，就算有很適合我的水，我也喝得開心，但是身體不會變得更年輕、或是拉長、或是變大；而且我跟你還有一個不太一樣的地方，你是很多個獨立的你，集合在一起，我是一個我跟我自己在一起。」

「你跟你自己在一起，就有兩個啊。」

「我就是一個，自己老、自己呼吸、自己死掉，死掉的時候只有我沒有別人一起死。」

「你死掉的時候就全部都死掉嗎？」

「對，一個我完整的死掉。」

「一個你……死掉就沒有你。」

「對，死掉就沒有我，像是根本沒有來過世界一樣的死掉。」

「你剛剛說你正在老、不會再長大，也是快要死了的意思嗎？」

「對，我正在往死的路上走。」

「一個人走。」

「對，一個人，一直都是一個人走，一個人死。」

「好難懂。」

「因為你出生的時候就與其他的藻一起生長，所以很難懂嗎？」

「我也有飄蕩過，才跟他們在一起的，但我們就算選擇在一起，也可能再分裂出去，因為不同的藻動變成新的藻集合，但是死亡的發生很遠，很遠。」

「是嗎？但是你們在世間的故事不是這樣的，你們很早就死掉過了。」

「很早就死掉過？所以我死掉過了嗎。人類是這樣說的？」

「人類的故事是這樣說你們的，從你們所在的地方傳說的故事。你們從日本的『阿寒湖』來，據說那邊之前沒有你們，阿寒湖那邊有個人類的村莊，村莊內的酋長有一位可愛的女兒，小時候長得非常可愛，後來跟著村莊內的婦女長輩學習，對於家務更是駕輕就熟，還生得非常美麗，是大家都喜歡的女孩，所以酋長計畫著把女兒嫁給其他村莊的酋長，好讓自己在部落的勢力可以更大；但酋長女兒其實有喜歡的人，是部族內的戰士，跟他一起長大的鄰居弟弟，他們總是一起探險，也會一起在湖中潛水，分享著漁獲，分享著愛。對女兒來說，這才是他應該婚嫁的對象，但是他的父親並不這樣想，所以還是把女兒嫁出去了……

到了結婚當天，大家歡天喜地地慶祝，一直到深夜，大家都累倒在地上。女兒一個人在房間，聽到了一陣幽怨的笛聲，他認得這個笛聲是來自於戰士弟弟的樂器，但是他從來沒聽過這麼哀怨的聲音，因為他們在一起的時候都是歡快的音樂，高揚的聲音常常直奔太陽，跟他的笑容一樣讓人覺得溫暖舒服。而今天聽起來，竟然跟下著暴雨的月亮一樣寒冷……

女兒脫下他的嫁衣，跨過他酒醉的丈夫，悄悄地往外走去，蹲低身子往笛聲的方向移動，果然在湖邊看到戰士的身影。他一個忍不住就開始哭了，戰士弟弟的笛聲也停止，開始哭了起來。

他們一起乘著船遊到湖心，但是再也不是跟以前一樣，可以好好戲水、談心，他們只能不斷流淚，不讓告別的話再說出口……

終於，女兒對戰士說，『我並不想成為誰的新娘，我只想成為你的伴侶，所以我願意將自己投入湖中，期望自己下輩子可以跟你在一起。』

『沒有比你更好、更重要的陪伴，你總是可以讓我意識到自己的能力，又可以更加地愛你，我不能失去你。』戰士對著酋長的女兒說，說罷，他們兩個就牽著手，慢慢地沉入湖底，在失去最後一刻空氣的同時，他們擁有彼此。」

後來村民發現他們不見，又發現阿寒湖多了兩顆圓圓的、看起來很幸福的藻球。他們意識到自己的錯誤，不斷地對著藻球道歉，並深深地祝福他們的相愛，希望他們的靈魂可以深深地融合，讓更多相愛的愛侶幸福。」

「所以我們死過了，是因為女兒跟戰士死掉了。」

「根據你出生地的說明書，是這樣說。」我自己講完就笑出來。

「又是說明書，他那時候有跟我們一起死嗎？他怎麼知道這麼多？」

「據我所知，說明書應該沒有跟你一起死，他的存在比你短很多。」

「那你真的不要相信他，太不可靠了！」

「有，你剛有說，不要相信說明書，相信你就好。」

「但是你說的故事，我也沒聽過，我不知道我死過了。我生出來就一直生出來，雖然要花很多時間、很多水，但是我沒有跟誰約好，要一起死，而且約好一起死，要怎麼一起死啊？這也太奇怪了，相愛就可以一起死，我們現在都在一起，也沒有一直相愛，要死就自己去死，為什麼相愛就要一起死，愛也規定太多了吧？」

「跟說明書一樣，知道太多沒意義的事情。」

「根本不了解我們啊！」

「不了解你們，也不了解愛，就硬把你們都放在一起。」

「對啊！」

「還是好好跟你們說話，聽你們講你們相愛的方式，比較對。」

「愛什麼愛，好好呼吸、好好喝水就可以活得好好的，幹嘛要愛？」

「幹嘛要說明書。」

「問我才對啊！」

「對啊！」

關於水藻的冥想

看著自己的左手，再看看右手，再望回左手，一根手指一根手指慢慢地看，看清楚他的紋路，然後換成左手再一根根地看仔細；想像他們都是獨立的個體，有自己的呼吸、有自己的律動，在你們身上用自己的方式活著，讓自己有不同的呼吸律動著。

來自水藻的提問

要什麼都要問自己，不要問別人，懂嗎？

07

活著本來就不難

「你長得好清楚又完整的樣子～」我看著柳蘭長長的花說。

長長的葉子，中間寬，兩端細，一葉一葉錯落地生長。而紫桃紅色的花朵從中間開始一朵朵地長出來，茂盛地開花，有些已經一路開到頂端，有些則還閉鎖著，葉子安穩地長在花朵的下方，花朵一路鋪張地長開，頂端尚未開的花，也有一種要綻放的氣勢。

柳蘭們一株一株各自安好地長

著，中間維持著安全距離地看顧彼此。走在柳蘭之中，像是有一條路一樣，大家各自有自己的位置，即便風吹得大，都是快要摸到但總是差一點，在他們之中都有各自喜歡的距離，我好像變成最靠近他們的生物，在他們之間選擇往哪條路行走，覺得他們陪伴著我，但是好像又互沒關係的樣子。

「你們很專注生長齁？」

「當然啊，而且我們靠自己就可以生長，而且都要生得很好。」

「什麼叫做『靠自己生長』？大家不是都靠土地，依賴土壤生長嗎？」

「大家當然都靠大地媽媽啊，我是說我自己就可以生長。我長出了很多的花，花一開始都是一種性別，後來我會開花生出另一種性別，所以我自己就可以跟自己交配，我會長出更多跟我一樣健壯、更健壯的自

己，我們一定會越來越旺盛的。」

「旺盛。但一株一株地長，依靠自己不依靠其他株地長。」

「對啊，我們本來就不一樣，所以靠自己也是自然的。因為要靠自己，所以我們很早就讓自己可以幫助自己。如果等待其他的幫助，等到花都謝了，那我們不就白來世界一遭？世界不會創造無效的我們，所以我們全然地做自己，讓自己劇烈、快速地擴散，把自己變成世界最強烈的風景。」柳蘭自傲地說。

「為什麼只想靠自己生長啊？很多植物或是動物都需要另一種自己才能繁衍，為什麼你只會想靠你自己呢？」

「等待是一種浪費。」

「浪費對你來說是什麼意思呢？」

「就是長出來也不會幫忙？」

「長出來不會幫忙，那會長出來嗎？」

「有長出就錯過的，那他就是錯過了，所以才說是浪費。我不要浪費，也不想要這樣做，所以我不會讓自己有機會變成浪費的。」

「不會浪費的生活，很緊湊嗎？」

「順順地跟著自己該做的事情，時間從來都是讓我看見自己的好。沒有緊湊，都是跟我走的時光，都是我的時間，你說好不好？我會說：『太好了！』」

「只做你自己的事情，生你想生的小孩，你對其他的事情會關心在意嗎？」

「我會在意我腳下的土壤，是否可以讓我好好抓住。像我現在根下，有一邊就是石塊太多，我抓得很辛苦，連水都留不太住；但是另一邊就可以好好地跟土壤綁在一塊，他支持著我，讓我可以順利往上長。不然你看我為什麼歪這邊，不是因為太陽的關係，是因為土壤的關係。當初落下沒有太多力氣，跟著長要一邊調整，花了點時間才會平衡，所以我比別人晚開花一點，但是沒錯過時間就好。當我開始開花，一朵朵生出來，我又把花不斷拉長，讓自己的花可以好好地接住自己的花，我盡量開長、開大，讓他們有機會乘著風越飛越大，去土壤更好的地方，就不用像我這樣歪歪地。」

「所以柳蘭你除了關注你腳下的土，還有其他的嗎？」

「還有吹向我這邊的風，是否有連續順向地吹？是否有夾帶水氣？如果太多水氣，大家會飛得不遠，就在我身邊，那我們就會互相競爭太多；如果他們飛得遠，我們可以一起更好，整片山、整片地都是我們的話，該有多好，這是我們都想要做的！」

「可是你們不會一株挨著一株長，你們就是一個接著一個的，你們之間都有距離，跟人類得病的時候一樣，大家都一直維持著距離，才不會傳染給彼此，你們是生病了嗎？」

「你才生病，我們好得很，就算在貧瘠的土地上，我們一樣會生出來。活得有距離，大家才會更快地生長出來，才會怎麼看都是一大片，一整片都是我們，整個土地都是我們柳蘭的，才會是最漂亮的土地啊！」

「無論何時都想要整片的啊，你們就是因為這樣才出名的，你們一直、一直都是這樣一大片地出現啊？」

「你說我們是出名的，那是什麼意思？」

「在這片土地上有一塊地方叫做『英國』，那時候世界發生很大的混亂，大家都在打架，打到房子、車子跟人都沒有了，地上變得很混亂，大家的心裡都很難過，心裡空空的那種難過。不像你可以專注地想著自己，想著腳下的土地，因為那時候我們可能連土地都不相信了。但是你們是深深相信土地的生物，所以你們就茂密地冒出來，從一株株變成一片，旺盛的一片，然後變成壯烈的一片，幫助了那時候哀愁的心，讓大家空洞的心有了你們的顏色。鮮豔的紫桃紅色衝擊了大家的心跳，讓大家可以重拾生活的重心，又回到如常的日子裡。」

我是聽過這個故事，也知道柳蘭因此也被稱為「炸彈草」，到底是從炸彈中獲得養分，還是如同炸彈一般爆炸性成長，我也不知道。但是眼前的風景，紫桃紅色一朵連著一朵、一株牽著一株，連成一片的時候，真的有種不得不打起精神，被鼓舞的感受。花朵很輕盈地翻飛，與另一朵花相連，葉子的翠綠更顯得他們的嫵媚多姿，他們如此鍾愛著自己，又能同時啟發人類，真的是很超群的存在。

「對啊！忘了自己、忘了要活的，就看著我們，就會想起日子該怎麼過；知道自己該怎麼過，生活就不難，因為本來就不難，難的只是你分心去想別的事情，還以為那是對的事情。唯一對的事情就是讓自己好好地長大，順利地發揮，不然我為何是我自己，為何又是這個形狀？可以長得這麼茂密又旺盛，一定是有原因的啊，不分心就不會忘記，不會忘記就不會痛苦，專注成為自己，沒有受苦的空間。」

「所以你們分心過？」

「我的心就是我的身體。」

「你的心就是你的身體。」

關於柳蘭的冥想

請選擇一個自己年幼的時期，深呼吸，我們從那個地方開始出發。

現在的你帶著年幼的你開始出發走一段黑暗的路，邊走邊想以前受傷的回憶，讓現在的自己照顧、安慰自己，然後讓腳下的路，越走越亮。

來自柳蘭的提問

不能長又不能馬上死，你到底想要什麼？

08

這樣我們都會一起變好

「你真的很漂亮捏～」看著馬利筋鮮豔的雙層花瓣，我驚嘆地說。

馬利筋的長相真的很華麗：柳眉般的葉子，葉脈清晰分明，長在頂端的花，真的就是花團錦簇的豔麗小傘啊～先有一層豔紅色的花托，才有鵝黃色的花生成，而開花後結果的果實，變成帶著羽毛的種子，完全徹底的不同！

「這就是你吸引蝴蝶的原因嗎？」

「我只想吸引蝴蝶，跟你問的問題，有關係嗎？」一朵花邊打開邊問我。

「就是你跟蝴蝶一樣，生命週期的變化差異很大，他是完全變態的昆蟲，我不知道是否也能這樣稱呼你：蝴蝶生出來是卵、小時候是毛毛蟲、然後結成蛹、最最後變成蝴蝶。對我來說跟你的狀況有點像，小時候是種子、然後長成一株完全不同的開花植物、最後種子再長出羽毛飛出去！你們也太特別了，每一個階段都是完全不同的你自己誒～」

跟我興奮的語氣完全不同感受的馬利筋，有點膽怯地看著我說：「我們本來就完全不一樣。」

看到他的樣子，聽到他說的，我擋都擋不住地笑出來，「我知道啦！」

看著我大笑，他也放鬆了一點。

「我真的只是喜歡蝴蝶啦。」

「我知道啦！我只是說你們的生長過程很像，我沒有懷疑你喜歡他，而且我知道你們很好，你做了很多事情只是為了保護蝴蝶，好讓他可以繼續幫助你們繁衍後代啦！」

「你知道什麼呢？」

「我知道你身體有毒，大家幾乎都不能吃，只有蝴蝶從小就能吃你們。在臺灣，特別是『樺斑蝶』，吃了你們之後，身體因為擁有你們的毒素，久而久之連鳥都不敢吃他；你們照顧了蝴蝶，也就是照顧了你們自己啊。」

「哇！你懂、你知道呢，那你也有這樣的夥伴嗎？」

「啊？你說我給他毒，讓他可以有防禦力，然後再幫我的夥伴嗎？你這個問題很好，我想想。」馬利筋的花很開心地抖動，像是找到同類的感覺！

「我很認真地想想：我會動植物溝通，然後我教給學生，學生學會後，會幫助動物跟植物，跟你這樣算是很像；就是一種真誠地互相幫助，希望彼此都可以共好，讓大家都可以開心。」

「對啊～大家一起好最重要了！」

「你真的是很善良大方的植物，你知道人類有時候會說『花都有自己的花語』，就是你的花有其代表的意義；你所代表的意義就是『讓人從痛苦中解脫』。我原本以為因為你是有毒性的植物，你分泌出來的白色乳汁，人吃了會不舒服，所以才以為是解脫的關係。』」

「蛤？對你們人類來說，我是這樣啊？」花抖得劇烈。

「不是啦，剛那個是我亂想的，人類在提到你的時候，是偏正向的、往好的地方解釋。因為你名字的由來是來自一個叫做希臘的地方，那邊有一位很厲害的醫生叫做阿斯克勒庇厄斯，他很特別唷：他從小跟一位半人半馬的醫神學習很多救人的方法，因而變成一個善良又有效的醫生，他到處救治病人，讓大家都變健康了，人類都非常喜歡他，也很開心他在人間。

結果就變成存放死人的地獄變得空空蕩蕩，但是上面的人間人超多的～於是管理地獄的人不開心，就跟天神老大告狀！說阿斯克勒庇厄斯讓人間與地獄不平衡，這樣繼續下去，對兩邊都不好，應該要除去阿斯克勒庇厄斯，才可以恢復本來的樣子！

結果這個善良的阿斯克勒庇厄斯就活生生地被雷打死了！

當人間在悲嘆少了一個這麼好的醫生的時候，天神也後悔了，因為阿斯克勒庇厄斯真的是一個好醫生，也有慈悲善良的靈魂，不應該因為他卓越的技術而除去了他，所以天神就讓他變成天上的星星。

你的名字就是由阿斯克勒庇厄斯的稱呼而來的，也是因為你除了有毒之外，其實也可以提煉出很多對人類有益的成分，也就是說你其實很有用又厲害！」

「你說了只是『一個故事』，聽得我心情很複雜。一開始說我其實是好的，然後好人就死掉了，後來死掉了又去當星星，但是人……不是已經死掉了嗎？」他不解地甩甩葉子繼續說。

「死了還能做什麼嗎？身體都乾掉了，什麼都無法吸收，也無法再做什麼啊……但，搞了半天也不是我死掉了，是死掉的人，名字很長的那個人，跟我有關係，但～也只有名字有關係，然後我們就一起變成好的東西。這到底是什麼故事啊？要講給誰聽，誰會聽懂啊？到底是在說我這種花，還是說那種好人會死啊？聽得我暈頭轉向的。」馬利筋有點無力地垂下。

我聽了也跟著頭暈，想說我故事講得這麼爛嗎？

暫時我們什麼也沒說，就這樣坐著，幾隻蝴蝶經過我們，停在馬利筋身上吸吮花蜜，腳上沾了花粉，又換腳繼續吃，我們一起笑了出來。

「我就想當我自己，被你取什麼名字，或者要死幾次都沒關係，但是我不用變成星星，也不用變成好的人，我只需要是蝴蝶需要的花，因為我們是真的需要彼此。他過來幫助我花粉的傳遞，我給他蜜汁，他自己可以決定吸多吸少，或是只是來玩一下，也許連花粉都只沾了一點點，但是我們都因為能與對方相遇而覺得安心，你懂那種感覺嗎？因為跟對方相遇就覺得安心？」

「因為與對方相遇就覺得安心？」我在心中試著想我跟學生的關係。一隻蝴蝶停在他身上，一隻蝴蝶停在我頭上；他身上的繼續停留著，我的抓抓髮絲就離開了。

「我想到我的學生會覺得安心，雖然我們長得很像，但其實內在是完全不同的人，以你來說就是不一樣的蝴蝶吧？因為雖然你有鍾愛的蝴蝶，但是我知道蝴蝶來你都不會拒絕，所以大家都能夠靠近你、跟你交換。雖然我跟我的學生也是完全不一樣，但是能夠來我的課堂與我相遇，然後用自己的方式對動物跟植物，用不一樣的接受度與包容我，我其實覺得很感恩。跟你不太一樣，我是覺得很感恩，不是覺得很安心。」

「感恩啊～我也喜歡這個感覺，那我跟你交換好了。」

「蛤？」

「你練習安心，我練習感恩。」馬利筋興奮地說。

「蛤？」換我驚訝地回應。

「就是你練習對夥伴更安心，我練習對夥伴更感恩，這樣我們都會一起變好，就不用管誰死才會變好，我們自己就會先變好了。」

聽得我噴笑。

「哈哈哈哈哈哈哈哈，好！我們自己先變好，哈哈哈哈哈哈哈。」

「植物與人一起變好。」

關於馬利筋的冥想

選擇一個對象，可以是植物、動物、礦物或是任何一個你想起的存有；請在心中對他說八次，也可以更多次的「謝謝、謝謝你、謝謝你在我身邊、謝謝你總是在我身邊支持我。」並在這過程中感受對方也接收到了。

來自馬利筋的提問

你分得出來喜歡誰、跟對誰安心，
是不一樣的嗎？

09

你真的也還太嫩啊

「傳說，你是第一個覆蓋在地上的植物。」我邊聞甜草的味道邊說。

長長的葉子，長到超過我的身高，翠綠與蒼綠的葉子布滿我的全身，邊緣帶著一些銳利，不斷刮著我的皮膚；有著跟他柔軟身軀不一樣的品質。我試著更往深處去，甜草長得很密集、無法更進入，但是充滿獨特醒腦的甜香。

「我是第一個覆蓋在地上的植

物，是嗎？」

「在北美洲的原住民是這樣說的。」

「他們怎樣說的呢？」

「說你們開始長的時候，從一根變成一欉地出現，然後整片土地都覆蓋著你們，風一吹，土地都看不見了。太陽直直地曬，也沒有變得太燙，你們保護了土壤，然後當你慢慢變得乾枯，你們變成更營養的存在，於是更多的植物就出現了，也出現了吃草的動物，而後有吃肉的動物，接下來就是人。甜草是很多事情的源頭，也是帶來生生不息與良善力量的代表。」

「那你也喜歡我嗎？」

「喜歡啊，雖然你是從北美洲來的，但是在我所在的土地，也有跟你很像的植物，雖然味道聞起來不一樣，但是對這邊的人來說，你們也有一個相似、但是使用方法相反的功能，就是『驅逐壞的事物』。你在北美洲是吸引好的事物，但是我們這邊覺得你的味道、你的聲音，可以讓壞的東西灰飛煙滅，所以大家也很喜歡你們。我們也跟北美洲一樣，會在特定的日子大大使用你們唷！」

「所以是喜歡我的味道？還是喜歡我的功能？」

「我是都喜歡，連你的樣子，我都喜歡，我有時候會覺得你好像大地媽媽的頭髮，在你慢慢變色的時候，會覺得大地媽媽也正在變老，我也是；所以會想更珍惜大地媽媽，也同時聯想到四季真的不斷地迴盪，我們終究是在時間裡面反覆地存活，有時候不用太拘泥在哪一個時刻裡。」

「所以看到我重新活過來，你就覺得幸福了？」

「幸福……嗎？」我低頭思索這個詞的感受，臉上還一直有甜草的問候，風也輕輕地吹著，他們的葉片互相摩擦，發出的聲音跟我一起思考。

「跟幸福這個感覺比起來，比較像是『日常感』，就是一種重覆在某一種特定規律的方式中來回，可能有人會覺得很無感，或者都一樣很無聊，但是我總是可以在這樣的重覆之中，看見自己的不一樣。

例如，在同樣的春天，為什麼大家都是蓄勢待發，而我卻悶悶不樂，或是覺得自己呼吸不到空氣？每年的春天都會這樣，還是有的春天會不一樣呢？反覆地看著自己在同樣的時間，相同或是不同的表現，我會覺得自己是有趣的，或是說覺得自己是特別的，好像還能找到自己不理解自己的部分，對於繼續活著會有持續探索的彈性。」

「所以你常常都是沒有彈性的嗎？」

「我常常都是沒有彈性的嗎？我覺得是，因為當我依附在一個地方，我會花滿長的時間建構出一樣的模式，或可以說是一樣的生活方式，有時候我連擺放的東西都習慣要一樣；然後都要過一陣子才會有一點點的改變，有時候也會覺得自己憋氣在活著，因為『一樣』會讓我感到安心，但是『一樣』也可能會讓我忘記自己本來的樣子，或是對一件事情懷抱熱情而感到開心的樣子。」

「所以你又忘記時間在流動了？」

「哈哈哈哈哈哈，你說的對，我又忘了時間在流動了！」有點心酸的感覺。

「怎麼會邊活邊忘記了呢？你的身體不是還呼吸著、你也還活著不是嗎？」

「就是……」突然找不到適合的字眼來說明自己的狀態，我們就這樣沉默了很久。

一陣風來，又一陣風來，越來越多風，把甜草壓得很低，我的頭就這樣被看見，突然這個空間中，應該只有我愣愣地抬著頭，被風迎面打著臉，我的嘴巴都閉不起來了。

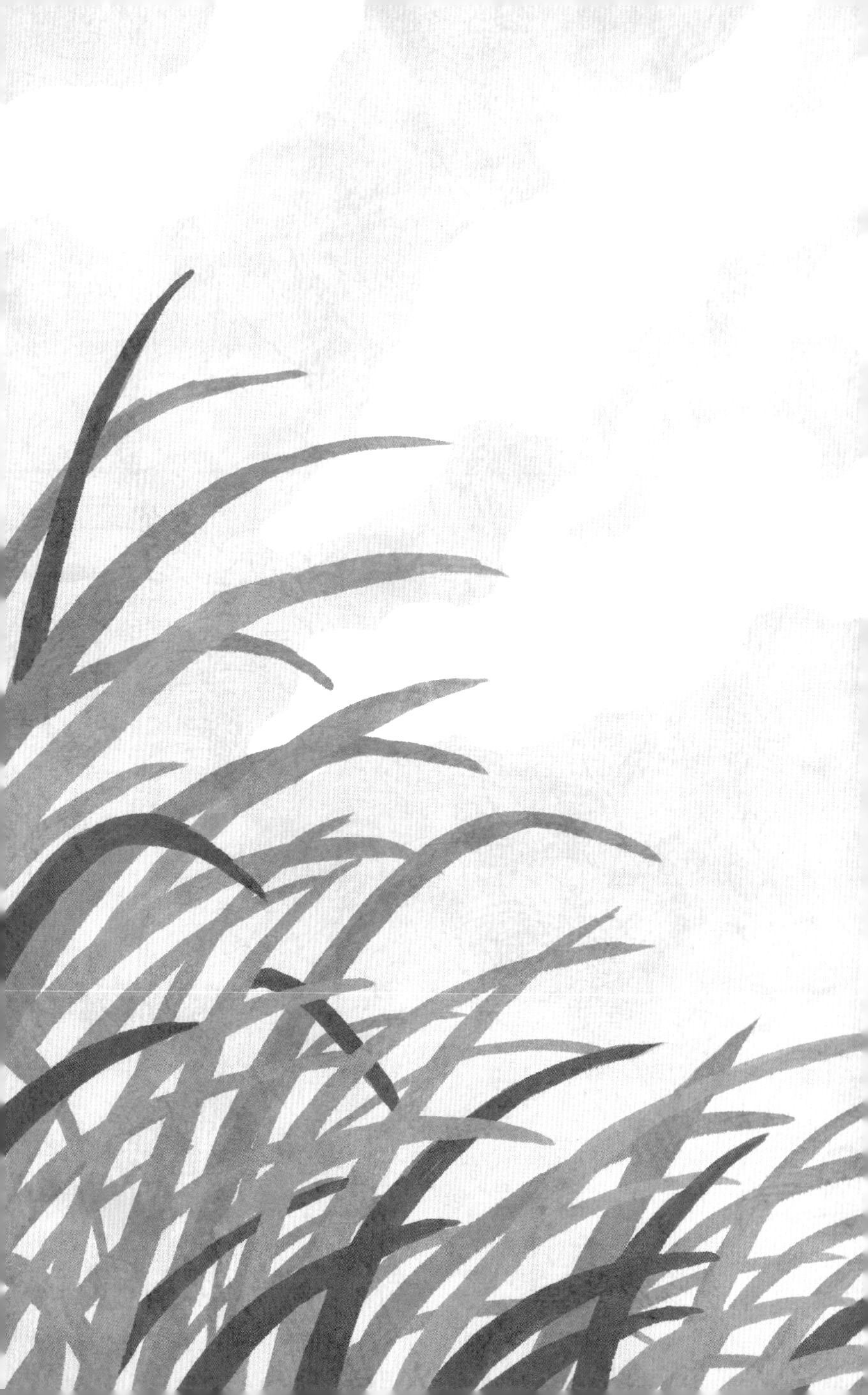

終於風走了。

「呃～你剛剛發出很多怪聲音。」

「呃～對，因為風太大，我嘴巴闔不起來。」

「不是蹲下來就沒事了嗎？」

「誒！對誒！我剛沒想這麼多，就想說風這麼大，看一下那個時候，世界會是怎麼樣的？」

「所以這麼不舒服，你還在呼吸？」

「對啊，我也努力張著眼看看周圍是怎麼回事。」

「看？這樣也能看？那你有看見什麼嗎？」

「沒有看見什麼，風太大了，看不清楚，就看到你們變得矮矮的。」

「然後你自己被風吹得亂七八糟，看見我們矮矮的也沒想過一起變矮，就沒事了。」

「誒~對。」突然覺得自己日常的愚笨，連面對植物的時候都還一個樣，真的有夠呆的，哈哈哈哈哈。

甜草摩挲我的頭與臉，「不會痛嗎？剛才？」

「還好，就是知道是風、看不見的風灌入我的身體而已。」

「不知道的東西也能進入你的生命，你是太開放還是太傻呢？」

「我個人覺得比較偏後者。」

「在痛苦之中，你有改變呼吸的方式嗎？」

「有啊，不然很難呼吸？」

「這就是你在春天雖然痛苦，但還是可以活著的原因？」

「誒~我沒仔細想過，但是可能是，因為我真的也還沒揚棄我的肉體，不管之前多痛苦，我真的還沒死掉過，也沒有太具體地想死過，雖然也沒有力氣面對眼前的困境，就是讓痛苦跟風一樣，一直往我臉上、往我身上打，但是我就直勾勾地面對痛苦，讓自己好好在裡面挺直著。」

「然後就活下來了。」

「對，還沒死過。」

「聽起來痛苦讓你很清晰啊，因為當大家都低頭的時候，你獨自站著，迎著風，即便發出奇怪的聲音，那時候不太像你，但你終究用你本來的樣子活到最後了。」

「誒～對誒！你講得好對唷，我基本上是這樣沒有錯。」

「所以我們一樣啊，大家都一樣啊，不同的時間變化不同的姿態與顏色，但是我們終究是我們自己，只要我們認得自己，變化之於我們，不就是跟環境與時間遊戲的方式嗎？在交會的時候，因為對手不同，變換不一樣的方式，不是一種尊重對手存在的禮貌嗎？」

雖然還沒完全理解，但是我拚命點頭。「嗯嗯嗯嗯嗯嗯。」

「下次要不要考慮有禮貌一點？」

「蛤？你是說我對風發出怪聲音嗎？」

「是對你的身體，都已經不舒服了，停一下、蹲一下，不會比較好嗎？」

「哈哈哈哈哈哈，對，你不愧是第一個的老江湖，比較懂得跟世界相處。」

「你真的也還太嫩啊，人類。」

關於甜草的冥想

想起一件好的事情、一件好的感受、很多善意的回憶，讓它環抱著你，然後讓大風吹，讓大風不斷吹拂著你！但是你穩定地讓善的事情好好包裹著你，讓你也想起，你是被大家珍惜的寶貝。

來自甜草的提問

痛苦如果可以讓你更照見自己，
你會需要更多痛苦嗎？

10

都是人說的算啊

「你可能被誤會很久了。」我把菸草拿在手上說。

你們一株株地長，寬大的深綠色葉子一片連著一片圍著莖，像是感情很好的家族，誰都需要靠近陽光，但是也需要下面的葉子扶持著……其實我一點也無法聯想到這是香菸的原料，不過除了觀賞用植物，說實在很多東西原本的樣子，跟我實際見到的樣子都不太像。

「大家老是覺得你是很壞的植物，好吧！我也是，因為我真的不喜歡你的味道從別的地方飄入我家，因為我的小孩會因為你的味道咳嗽，看著他們痛苦，我很心疼，然後就更討厭你們，覺得你們也是壞的。」

「好的植物是什麼樣子的啊？」

「好的植物，對人類來說就是可以給人類吃的，就是我們可以吃你的。」

「那我不要當好的，就不用給你們吃，對我來說很好不壞啊！」

「誒～也不是，我們不吃你們，但是人類會先乾燥你們，就是把你們用得很乾很乾，但你們還是完整的樣子，然後再切絲，然後再包起來，用火點燃再吸食你們的味道。」

「怎麼聽起來比被吃掉還可憐。」

「好像也是。」

「然後很多人類都會吸食你們，但是因為你們的內在成分有讓人類

變得不好的東西，會讓大家過度成癮，過度需要你，還有人類身體裡面的器官會壞掉，所以大家都覺得你是壞東西。」

「太需要我，然後我也是壞東西。」

「嗯～人類的定義總是很奇怪，我們總是希望所有東西，對我們人類都是好的，但世界應該不是這樣的邏輯，交換都是等值的吧，如果都總是好的，可能不是太公平吧！」

「公不公平，是不是～也都是你們人類說的算呢？」

「誒～好像也是，所以應該都不公平吧！」聽到後，菸草似乎笑了一下。

「為什麼明明是不好的東西，你們還要喜歡我們呢？」

「因為你會讓人快樂。」

「聽起來我並不會讓你們快樂啊，你說的都壞掉了，我們是讓你們壞掉的植物啊。」

「其實在以前你們是很有用的植物，大家會使用你們，但是不會成癮、大量地使用，所以在以前跟現在，你們是很不一樣的存在。」

「以前的人比較喜歡我們嗎？」

「對。其實人類跟你們的淵源很久了，以前在南美洲名叫安地斯高地的地方，那邊的人很習慣燃燒你們，當作獻給神的植物，因為你們的香味很特別，你們的煙也可以持續比較久，所以大家把你們當成神聖的植物。後來因為發現你的香味可以讓人變得更有精神，所以大家除了獻祭之外，也會在日常使用，也有單純讓自己開心的。

記得我說過你可以讓大家開心嗎？你其實有很特殊的力量，從這邊延伸出去，你也被用來提升人的精神；因為那時候的人認為生病是因為惡靈入侵身體，燃燒你所發出的味道可以驅趕惡靈，所以也被拿來治病。那時候你是高貴又神聖的植物，大家都非常崇敬你。

不過一如你所說的，好壞都是人類說的，其實並不公平；因為後來你從安地斯高地被流傳到另一塊土地上，當人們看到吸食你會吐出很多的煙霧，加上你的煙霧又特別不容易散掉，大家紛紛嚇到，認為吸食的人是跟惡魔打交道的人。但是又過了一陣子，大家因為喜歡你們的味道，喜歡你們帶來的歡愉感，所以就喜歡上你們，而且後來很多地方都很流行，現在也是。你們可能是少數，不管哪一塊土地上都有的植物吧，可能你們也變化很多次了。」

「所以就算我們壞壞的，你們也需要我們，而且超需要。」

「哇！跟你聊天真的讓我很看見人類的矛盾。其實現在也有很多地方，想盡辦法不讓你更流行，有些地方的人會讓你們變得很難取得，好減低對你的需求。」

「所以……你們連想要從我們這邊取得快樂也不行？」

「我沒有因為你而快樂，所以不知道被奪取的是什麼；但是有人確實因為少了你，會產生很寂寞的感受，或是很不知所措的心情，人滿矛盾的。」

「但是你不矛盾，你就是討厭我。」

「哎唷～」我慌忙擺手表示否認接著說，「不是啦！我不是討厭你。哎唷，該怎麼說，就是我齁～我是不喜歡使用你的人，他們沒有規範好自己，讓你的味道到處飄，讓我很困擾，因為你的味道之於他們是很美味而且讓身體開心；但是對我家來說就是造成疾病的根源，所以我不是討厭你，我是討厭那些亂放味道的人。」

「不！你是討厭我的味道、讓你家的小孩生病。」

「哎唷！不是啦！」覺得菸草說出實情，我自己倒是心虛了起來？

「所以你們人類真的很矛盾，需要我們、又不要我們。讓我們流行起來，又要驅趕我們；連你可以跟我說話，都無法好好說出討厭我，為什麼人類會這麼不清不楚呢？」聽得我深吸一口氣，只能吐出這樣的話……

「你就能很清楚嗎？」

「我不清楚嗎？我喜歡土地、風跟水還有陽光，我不是一直喜歡嗎？不管我在你說的哪塊土地，都有我這樣的植物，就算你說我有改變，但是我們世世代代不管如何被你們豢養著，不都是拿來做一樣的事情，不就表示我們從來沒有變過？但是你們人類對我們的需求，則是經過好幾次的翻轉了，而我們一直都是從同樣的土壤生長出來。」

「如果我能更好地回答你的問題就好。」

「如果我能對你更壞就好。」菸草突然這樣說，我正覺得傻眼，他繼續說：「那你搞不好可以講更快，我覺得你好慢，可能矛盾拖累的你的速度吧！」

「噗，真的！因為我想要好好跟你說清楚，但是我內心有對你的偏見，哎~如同你剛直接說出來的，我覺得你傷害我的小孩，所以我很多時候都要再多想一下才能說出口。我其實真的不討厭你這樣的植物，但是我不知道怎樣保護我的小孩，所以我才會對你生氣，覺得是你的問題，其實，是我的問題，你沒有很壞，你就是你自己，如你所說，一直都你自己。」

「說這段話的你，比較不矛盾了，也可以有這樣的時刻啊，人類。」

「我想真心喜歡你的人類，對你並沒有矛盾的心情，只我們帶有偏見的人才會矛盾吧。」

「所以不喜歡我的人，看見的是不喜歡；喜歡的人看見的就是喜歡，很人，因為面對我們的時候，都是人說的算啊！」

「哎～人真的是自以為自己說的算……」我深嘆一口氣。

關於菸草的冥想

抬頭，試著深深地吸氣，然後吐出長長長長長長的一口氣，感受自己的氣息，感受自己吐出的透明氣息連成一條煙霧的訊息，通往天空，傳遞你的想法。

來自菸草的提問

如果沒有這麼多覺得我們是壞植物的資訊，
你們還會討厭我嗎？

11

懂了就懂了啊

「你為什麼就要在這麼難的地方生長呢？」我問著小葉子的沙漠鼠尾草。

相較於其他的鼠尾草，沙漠鼠尾草的葉子偏小，顏色也略深一點，花如同埃及的皇冠，長長的一串，粉紫色的花朵開滿整個上部，遠遠看會以為是長太好的薰衣草。

忍不住把我這很失禮的想法跟沙漠鼠尾草說，他回答我：「你的眼睛只能看見你看得懂的嗎？」

「哇！你這句說得好！說得極好，我非常可能是這樣的，因為我常常覺得路不管長在哪裡，只要長得像，都會通到一樣的地方！」

「我是不用移動啦，不懂你說的，但是我不是你說的那個植物。」

「我知道啦！所以我才問你啊，為什麼要選擇這麼『難』的地方生長。你生長的地方跟你其他多數相似的鼠尾草兄弟姐妹不一樣，你生活在偏寒冷、偏乾燥的地方，雖然你可以都綠綠的，但是真的比你的兄弟姐妹辛苦呢。」

「你見過跟我一樣的植物？」

「對！但不是薰衣草，是真的跟你很像的鼠尾草，例如白色鼠尾草就是生活在平地比較多，所以葉子也比你大片很多，花開起來也很長很高，味道跟你很不一樣就是了；而且聽說因為你的環境比較乾燥，所以

你的根比其他同類的都深很多，才能穩定地吸收水分，保持自己的狀態。」

「嗯，植物不都是為了養活自己，所以努力長成適合的樣子嗎？」

「對啦！你們植物齁～在這件事情都特別地清楚，講出來都超爽朗的，跟人類一點都不一樣。」

「我們本來就不一樣啊～」

「也對啦，我跟你說，人類很愛你們，你們有很多種，不是被種起來觀賞，就是搜集起來乾燥當香料，我自己常用的就有黑色、白色、紫色、蜂鳥跟你、沙漠鼠尾草，因為你們的味道各自不同，所以大家也覺得你帶給大家不一樣的功能。」

「是嗎？對你們來說，我會做什麼？」

「你聞起來，對我來說啦，有股『奶味』，就是濃郁的一種香味，然後……然後我一開始……其實不喜歡你的味道，因為實在是……對我來說就是太濃的花香味吧，跟我的氣質或是說居家氛圍很不搭⋯⋯但是我有一天，就真的是突然有一天，我在燃燒乾燥的你的時候，突然就很喜歡你的味道，一直聞、一直聞，完全無法停唷；然後⋯⋯我就開始哭，從安靜地流淚，一滴一滴地掉，到開始發出聲音地哭，眼淚完全連成一片在臉上，接下來整個嚎啕大哭⋯⋯我那天痛哭了很久，然後一直聞著你的香味。」

「我的味道引發了你什麼呢？」

「那時候我內心有個過不去的關口，發生的事情，其實已經過去很久了，但就是心裡放不下，覺得無法原諒很多事情、很多人，或是說也無法接受那時候受傷的自己，覺得自己怎麼會讓自己受傷了，還無法保護自己⋯⋯」就算現在回憶起來，我還是覺得有點心酸，突然有點說不了話⋯⋯

他微微搖搖身體，又是那陣香味，就這樣淡淡地飄過來，跟乾燥的他不同，味道在空氣中顯得稀薄，但確實可以聞到那陣帶花香的奶味，到底為什麼植物可以散發出這麼複合的味道，我分心地想了出去……

「你繼續說好嗎？我想聽。」沙漠鼠尾草輕輕摩挲著我。

我深吸一口氣，繼續說：「因為無法保護自己，所以我後來就選擇遺忘，或是很刻意地不要想起來，盡量忘記。像是在上面蓋了很多不能呼吸的土，然後往下蓋、往下蓋……」邊講我邊往下低，他也跟著我向下看。

「然後呢？」他小聲地問。

「看起來好像是忘了，但是我常常不小心被觸動到，就會突然地大生氣。我通常不會哭，因為那時候真的哭夠了，所以就變得很容易生氣或是憂鬱，就是不會好好說出來……反正也選擇了不一樣的生活，所以就沒關係了，我原本是這樣想的……」然後我抬頭對他笑了一下。

「直到遇見你。花了兩三年我接受了你的味道，其實我第一次聞就記住你的味道，但是我下意識地收到很深的地方，跟之前一樣，不要讓自己有機會接觸過去的傷口……直到有天，偶然地，我又再度聞到你的味道，一開始沒發現是你，只是覺得有趣，然後有點熟悉，等到想起是你的時候，很久沒有濕潤的眼眶早就蔓延到完全無法阻止。一開始還掙扎，後來就讓自己不斷地哭，而你的味道竟然也都沒散去，跟我的眼淚一起迴盪在空間裡。」

「後來呢？」

「我哭完就好了，那時候我好像把自己拉回過去，一個個用力地拋下，然後再一個個小力地丟下，後來我只是看著，就只是看著，然後回到當下，回到那時候的現實，用你再淨化自己一次，讓你的味道好好在身上留存，記住你帶給我的深層的流動感，也讓你的根、真情地放入我的心，讓我從心裡流出來的血液都充滿流動性的能量。」

「我讓你動起來了，是嗎？」

「對。」

「所以你只記得持續往前生長，忘了你腳下跟土地的關係，在變得空空蕩蕩連站都站不穩的時候，竟然想往前跑啊？」

「哈哈哈哈，你說得真好，是的，我是這樣沒錯。」

「我其實一直都是流動著，不管是身體裡面的水，或是我的根持續在找水，因為我們只有透過不斷地律動才能維持生命。對我來說，往上維持要靠往下的努力，所以我一邊開花的時候，會更努力讓自己往旁邊、往土壤更下面去找水的呼吸，讓他跟我的呼吸一起生活，因為除了照顧我自己，照顧好我自己，沒有更重要的事情，而為了照顧好自己，受傷是很正常的。」

「受傷很正常？誰會傷害你。」

「會幫助我的都會傷害我。」

「蛤？」

「水不會自己來，他不來也是一種傷害；風常常自己來，也不是沒有過大到讓我花粉都飛光，蟲都還沒來吃過呢！更不用說太陽，總是比你還熱情地向著我們；還有吃過我們的蟲們、偶然踏過我們的動物，所有的相遇都會留下痕跡，比較適合我們的，或是讓我們受傷的，都一樣的，都只是經過而已。」

「所以你才說會幫助你的，也會傷害你。」

「都是一樣的。」

「都是一樣的，只要保持流動，就不會停下來受傷……是嗎？」

「如果你聽懂，那就是你的，如果你不懂，那就錯過而已。」

「跟愛一樣。」

「嗯？」

「在古老的北美洲藥輪裡，您所代表的位置是南方；南方代表愛，而您這個植物帶給南方的力量是『讓愛變成具體的行動來成就愛』。」

「所以說懂了就懂了啊。」

關於沙漠鼠尾草的冥想

先好好喝下一杯水，然後聞一下沙漠鼠尾草的味道，感受氣味如何結合你身體的水分，在你身上流動著。也許一開始不容易，但是越能接受就越能流轉，為自己嘗試吧～

來自沙漠鼠尾草的提問

不動 真的 活得會比較好嗎？

12

忠於守護所愛

「我很常使用你，但尚未實際見過你。」我抬頭對望不見盡頭的雪松說。

歷史悠久的雪松多數生在寒冷的地方，長得很高很高，樹皮粗粗的，常常有一顆顆的突出，葉子如同張開的流蘇，一圈一圈以螺旋狀圍繞著樹枝；瘦瘦細細的樹葉，是我喜歡的一種葉子，因為雪松葉的顏色從青綠色到藍綠色都有，這麼細瘦的葉子撐起大大的果實，我常常有種看到螞蟻的錯覺。

「你太高了，你的種子都要長出翅膀才能離開你。」我邊慢慢爬上樹邊說。

「你看起來也有四個翅膀啊，而且你的翅膀還可以抓住我、往上爬，我的種子是成熟之後往下飛，跟你不一樣。」

「因為我不是種子，你一次可以產出很多個種子，讓他們等待很久才飛出去，人類的種子也是要等待很久，但是一次能生出的不多。所以人類其實不會給小孩翅膀，甚至滿多人會很保護小孩，總是放在身邊，一個一個食物慢慢餵、一件一件事情慢慢教，把小孩放在身邊很久才讓他們變成大人。但是也有一些人對小孩並不放手，始終是牽著顧著，沒有讓他們真的離開樹枝過。」

「那你們沒有翅膀，又要學這麼久，有變成自己喜歡的樣子嗎？像原本的人一樣嗎？」

「哇，你的兩個問題都好重要，真的是打入我的腦袋。人有沒有變成自己喜歡的樣子，我自己的觀察是多數人都沒有吧~有像原本的人一樣嗎？多數的人都是像自己的父母，但是又長出自己的樣子，所以都是不一樣的。」

我想了一下又繼續說：「也許對你們來說，你們都不一樣，因為你們有完全不一樣的樹皮、高度跟結果的位置；但可能對多數的人類來說，你們雪松可能多數都是一樣的。也許在你的感受之中，我們也都是一樣的小東西吧！」

「對啊，我們不一樣，我的種子也跟我不一樣。他們是他們自己，當他們離開我的時候，早就不屬於我，而是變成跟我一樣是大地的小孩，我們都在土地上試著變成自己、更高大的自己，或是說扭曲、斷裂後還是自己的自己。太陽長在上面，無時無刻不吸引我們變得更加高尚、更加自由，為此我整棵樹，都變得活潑開心，然後生出更多的種子，就算很慢，我希望他們可以獲得跟我一樣的快樂。」

「你們的快樂都會一樣嗎？」

「會啊，因為太陽是一樣的，他就是我們專注跟生長的目標，我們會長這麼高，已經牢牢抓住大地，接下來就是如何面對太陽，讓他吸引我長高；如何跟風相處，讓他在我脆弱的時候不打擊我，或是面對他過分強烈的時候。

就算是我的種子，我也不希望他太近，太近對我們彼此都不好，所以他有翅膀，當他決定離開我，他就是他自己，不需要顧忌我，也不需要思念我，只要專注飛翔，找到自己的土地，做他自己。」

「是夥伴，不是孩子。」

「是遙遠的同類，不是孩子。」
「人類養的都是孩子，所以希望孩子聽話、謙卑、像樣。」
「我孵育種子，他願意來，就是要成為他自己，不是成為我。」
「啊！如果人類的爸媽可以跟你想得一樣，應該會更舒服一點些吧！」
「所以你們人類不住在森林裡啊～」
「哈哈哈哈哈～你說的對！啊～以前有一個故事跟你有關，因為是你，大家也不敢住森林。」
「因為我很多種子嗎？」
「不是啦～是因為守護你的樹怪很可怕！」
「樹怪？」
「以前那個地方叫做『亞述』，在他們的神話之中，有一位太陽神養了一個叫做胡姆巴巴的巨型樹怪。他長著非常特別的臉：是一條條像是人類內臟腸子的臉，據說可以同時預兆出吉兇。他的眼神一旦掃射出來，就會致人於死地，他的聲音跟巨大的洪水聲一樣澎湃而出，呼出的空氣會變成火焰，而且聽力非常地好，可以聽到很遠地方的所有聲音，可以清晰辨別是動物還是入侵者踩了樹葉、踏過哪裡的土地，而且他會立刻飛奔過去，懲罰所有入侵雪松林的外來者。因為雪松林是神明的住所，所以他要好好認真地守護著。」

「那到底是什麼動物？」

我很虔誠又緩慢地念出「胡～姆～巴～巴～」。

「所以你說的那個東西，到底是什麼東西？」

「我不知道啊，我沒看過，我還想說你活得比較久，搞不好看過。」

「我現在生長的地方，是你故事說的地方嗎？」

「誒～不是捏！你一句話突破盲點。」

「沒看過你也可以講這麼清楚，你應該沒有盲點。」

「我一身盲點啊。以人類來說，我不會的事情超級多，會的東西一般人也不需要，如果用你的觀點來說，我就是那個有翅膀，結果一直花時間逆風飛，然後落在很乾的石頭上還硬要發芽的種子吧！」

「聽起來，你也知道你自己要做什麼，才會走那種路吧。」

「胡姆巴巴也是啊，一直堅持要守護一個東西，最後很容易失去的，因為總是有人會覬覦你所擁有的東西，就跟一塊土地不會只屬於一種植物，大家都是各憑本事，然後長出自己的樣子，讓自己繼續活下去。胡姆巴巴也是，他想做好自己的事情，但是沒有考慮四季變化跟大家都想要，他自己堅持著，最後就被殺死了，而且大家只記得他生氣的樣子，反而忘了他是守護你跟聖域的樹怪。」

「他有想被記住嗎？他只想守護我們吧？」

「也對，他只想守護你們。」

「那他懂植物啊，我們要的東西不複雜啊，一生一次做好一件事情，我生產種子到死，他守護我們到死，那你呢？做什麼到死？」

「守護動植物與大地到死。」

「太多了吧！」

「但是你們無法從大地上分開啊，只是不一樣的事情而已啊～」

「『忠於守護所愛』不就可以了嗎？你講這麼多分別，你就會先分心啊！」

我整個被他的話驚醒！「你說的太對！就是『忠於守護所愛』！」

「對啊，所以我們都是做一樣的事情，才會被記住，才會到現在都有人說，不管你說的胡姆巴巴、或是你說我是歷史很久的植物、或是你，都是因為有所愛才會存在。只要我們所愛還在，我們就不會消失，被說成什麼，都是證明我們還愛著，不是嗎？」

我眼中含淚。「對，我們就是一直都還愛著。」

關於雪松的冥想

找出七件自己喜歡的事情，需要喜歡一段時間、也執行一段時間，分別將它們放入你的七個脈輪，由下而上，然後用你的脊椎將它們串連，看見自己發出喜歡的光。

來自雪松的提問

你有忠於你的所愛了嗎？

13

我會記住你

「為什麼你的皮這麼容易撕開啊？」我看著飄揚的樺樹樹皮問著。

樺樹有著雪白色的樹皮，真的就是很白的樹皮，甚至可以說是有點銀色的質地，可以輕易從他的樹幹上撕開一層一層的皮，而底下依舊是白得發亮的顏色，到達木質部也是淺淺的黃色，只有他的葉子看起來不太柔軟，是鋸齒狀的，落在深色的細枝條上。

樺樹往往都很高，但是壽命不是特別長，所以很早就被人類廣泛地利用，對人來說真的是很親切的樹，我把這樣的想法跟樺樹說。

「你們真的很常圍繞在我們身邊，在不同的地點、不同的時間，我們的身邊往往都有你們。但是我們也擁有我們自己很久，是沒有人類的日子。」

「那是什麼時候啊？」

「很久很久以前吧，我也還沒生出來，但是我們知道，自己存在很久了，所以我們見過很多植物，也見過很多動物，但是繼續留下的並不多，我們是其中一種植物，你們人類出現是很後來的事情唷。」

「那我們之於你們，算是特別的東西嗎？還是只是特別晚才出現的東西？」

「哈哈，特別嗎？能一直活著都是特別的啊，活著，繼續活著不容易啊。不是大地讓我們倒下，你們也會讓我們倒下，或是我們自己也該倒下了，活著就都很特別。與其說你們很特別，不如說你們是很有動力的小蟲吧……」

「因為我們很小，所以是小蟲嗎？」

「不是唷，小蟲，你跟其他小小的蟲一樣很愛吃我們。不過你們吃得更多，會把我們整個吃走，一次帶很多走，我們常常在森林裡面，因為遇到你們就被吃走一整片，整片唷，然後你們走了之後，我們就自己先生長出來，因為我們喜歡當春天第一個長出葉子的。」

「喔喔喔喔！對！這也是很多人喜歡你們的原因，在很多地方，你們被稱為『第一樹』或『先驅樹』，就是因為你們是春天第一個長出葉子的樹啊！大家看到你們就知道寒冷的冬天過去了，也會因為你們的嫩葉，開始覺得人生有希望，大家很喜歡你們的出現呢～」

「我們知道啊，不止人類，很多動物跟昆蟲也都喜歡我們，我們喜歡幫助大家，也希望大家透過我們可過得更好啊。」

「講到可以過得更好，你在北美洲印地安的文化中，也是一種保護大家的樹唷：曾經有一個頑皮的小男孩，跑去雷鳥的樹上偷拔羽毛，開開心心地想要回家炫耀，結果才回到半路，就被雷鳥媽媽發現自己小孩的羽毛被偷走，連忙協同雷鳥爸爸瘋狂地追趕這個頑皮的小男孩。小男孩嚇壞了，連滾帶爬地往前飛奔，一路尋求諸樹的庇護，但是大家都懼怕雷鳥而沒有回應。唯有你，唯有你『樺樹』，讓這個頑皮的小男孩躲到自己空心的樹幹裡，躲過雷鳥爸媽的追殺，後來還順利地回到村莊內。

小男孩回家後，除了把羽毛拿出來展示，更重要的是跟族人分享你的仁慈與大方，所以整個村莊就更敬佩你，把你當成一個巨大的母親，照顧大家的媽媽，所以也更廣泛地使用你，讓你的味道，或是木頭、葉子更具體地放在生活中，當作一種保平安的象徵。」

「我喜歡這種被信賴的感覺。」

「我還知道有一個地方的人，會用你的葉子泡水，給新生兒洗澡，象徵保護新生兒，因為他跟你一樣是第一次來到人間。」

「那我也一定會保護他的。」

「還有一個地方，只要生出小孩，就會種一棵樺樹，種一棵你，因為他們相信這樣會帶給小孩一輩子的好運。」

「我是一定能守護他，直到他再生出下一個小孩的。」

「對～你一定能，而且在你溫柔的守護下，一定是健康漂亮的小孩。」

「只要是出生的孩子，我都會守護的。」

「還有！你整個樹都可以使用，可以用於緩解皮膚的不舒服，也可以止痛，人類超需要止痛；還有你對人類的膀胱病變有相當的療效，從很久以前大家就發現並且開始使用；還可以提振精神，很多病都可以使用你，讓大家變得更有精神，或是得到支持。」

「聽起來你們知道很多我身體的用法，人類果然是一種很特別的存在，你們總是喜歡在微小的地方，發現更微小的意義。」

「謝謝你對人類的讚美，但是跟你聊天，會覺得你真的對於可以讓大家變得更好、更強壯很有興趣呢～」

「對啊，一起生長在土地上，如果不一起好、一起存活下去，就都只剩我在土地上。你剛說的先驅、第一當久了，不過就是看著很多的離去，還有不再現，我總是能看見我的同伴，再度在土地上復甦，但是你們不是，很多都不是。」

「會難過嗎？還是有什麼感覺呢？」

「有時候會遺憾……」

「為什麼呢？」

「有時候『過去』很不錯，適合一些晚點來的夥伴，但是有一些『以後』更適合那些已經早死的生命，『當下』也有當下應該有的樣子，不在的就是不在了。我有時候也會想，如果他們葉子長小一點、或是根再吸水一點，會不會……」

「不會。」我忍不住脫口而出。

「對，不會……我有時候會想起他們小小的根搭著我的樣子，或是他的樹葉掉在我身上，卡在我的皮裡，我仔細感受他跟我不一樣的味道，但是我記住的他已經不在，很多時候不在的都要比在的還多……」

「怎麼辦呢？」

「就會覺得走在前面，真的有點太前面了，所以會想要回頭來照顧後面，希望後面的土壤、植物、礦物、動物都可以再輕快一點地活著。」

「容易嗎？」我心慌地問。

「不是很簡單的事情，但是我們存活過很多世代了，我們擁有的不一定是別人需要的，他們不像你們故事裡的人，都那麼喜歡我們，相信我們會保護他們；他們也會覺得我是來爭地盤的，或是來搶東西的，只要沒有信任，就不會有繼續下去的可能。我知道自己有用也沒用啊，我看得見問題，如果別的生物不理解，也會變成一種挑戰他的過程，我只能用時間證明我的善意，但是時間過去了，他不一定留下來，我為他留下的心意，只能是我的回憶了。」

「他變成你的回憶，變成是他在世上唯一的位置了啊。」

「所以我盡量快一點生長，也許有人、有動物或是其他植物會在我之中，再度發現他們，就不會只有我一個記住那些消失的生命。」

「那如果有一天你消失了呢？」

「你會記住我嗎？」

「會，而且我會寫一篇文章記住你。記住你，樺樹。」

關於樺樹的冥想

請回想起一個受傷的經驗，然後仔細回憶自己怎麼從那樣的背叛中，安撫自己，讓自己走到現在，讓這踏實的感受，充滿你現在的生命。

來自樺樹的提問

你不會希望你自己可以幫助更多的生命嗎？

14

你最厲害

「為什麼你都不想留一點地給別的植物呢？」我看著直挺挺的楊樹問著。

楊樹有很多種，但不管哪一種都是細緻筆直地往上，偏白的樹皮會在樹枝突出的地方變深色，我覺得那樣好像在笑，但實際上楊樹是一種很活在自己世界的植物，他們的根系常常長得直率又不留情，而且耐鹽，所以一般不會把楊樹種在屋子旁邊。

「因為我活得並不長，所以我要快一點、再快一點變長，你不要以為我們很容易，你們這些小東西就只要努力地往上。我是一邊往上，還要很努力地往下長清楚！」

「長清楚？」

「就是好好抓著土，讓自己可以挺立起來，所以樹根同時往四面八方長的時候，我要感受清楚，我的樹幹要怎樣長才可以又快又好，還可以最順利曬到太陽，我的旁邊都是我的同類，大家想的都跟我一樣；在地上往外長要又快又粗又厚實，然後再用小小的根緊緊抓住，也還要離水源夠近，才可以讓自己的養分傳遞更快。」楊樹用非常快的速度講話，感覺像是憋氣一樣，我繼續等著他說，但是瞬間又感覺他好像很用力地在抓地底下的什麼，暫時我們都沒有聲音。

「我剛在多儲存一點水，地上乾了比較久，先抓起來比較穩。」

「沒問題，我有的是時間等你啊～」

「你有時間我沒時間啊！」

我立刻轉移話題，「你剛說小根抓土、讓你好長，對嗎？」

「對！好好長！好好長真的很重要！我要努力往上，而且要注意一邊長枝幹，又不可以長太多破壞了我設定的地底平衡，但是又要長得讓自己每一個階段也都是平衡的，你以為當一棵樹容易嗎？你有當過樹嗎？」

「有，我的貓說我有當過樹，但不是你這種白白光滑樹皮的，我是那種比較粗的樹皮，然後比較寬的樹，好像也比你矮的樹，葉子比你寬一點，不會在落葉的時候變色，種子也不會長出長長的毛的～」

「但是你知道，如果你在我旁邊，你可能沒什麼機會變很粗，因為我會比你更快地抓住土地。」

「嗯～我知道，但我們應該不是在同一塊土地上生長，所以那時候應該沒關係吧，不過我現還是知道你很厲害！我還是想知道你生長的祕訣，可以繼續說嗎？」

「對！我就是往上長枝枒，但是我很清楚，真正大的、可以大片吸收陽光的、也可以攔著雨水的，要長在最上面！」

「你怎麼知道哪裡是最上面啊？」

「比旁邊的高就是最高，如果他還長，我也就還長，而且我已經長出來的樹枝還是會持續向外擴張的，而我的根基在地上也會持續地攀附土地，穩穩地支撐著我。」

「永不放棄。」

「沒那回事，我們樹生會一直生長到最後一刻，我的小孩也都明白，但是他們出生時沒有葉子可以讓他們飄更遠，所以我們讓他長出了細長的毛；我們都知道要把自己放得更輕、更柔，讓風帶著我們到處飛行，就算掉到地上了，只要有風，他們會持續滾，滾到最適合他們的地方，他們才會生根！」

「你們真的很強捏，因為說真的，世界上到處都有你們，楊樹真的可以算是地表最強的植物之一……」

瞬間被他拍了一下。「是最強，不是之一，我們專注活的樣子，很多樹都比不上，因為我們是專注、而且有品質地為自己的生命負責！你懂嗎？」

「我想我懂。」

「你這樣子看起來就不是很懂，顏色亂七八糟個子又矮，也完全沒有一點生小孩的氣息，你出生就已經輸給我了。」

我整個笑出來。「輸超慘的，所以我自己要學會輕鬆一點，跟你交朋友就好，因為真的再怎麼努力都比不上你的小根吧！」

「知道就好。」

「我還知道一件事情，想跟你分享。」

「是我很厲害或是很努力的事嗎？」

「是一個關於你出生的故事。」

「我出生？我沒聽過，你說說吧……」

「以前有個地方叫做希臘，那邊的世界分成比較多層；往上走有個地方叫做天堂，中間是人間生活的地方，多數的你也在人間，然後往下走是地獄。管理地獄的人叫做哈里斯，他長期居住在黑暗的地獄之中，有點煩悶時就去四季分明、日夜也清晰的人間玩玩，一邊欣賞著白天的陽光與風景，也一邊看著跟地獄不一樣的人。大家都充滿著精神與笑容，他也被這個歡快的氣氛搞得開心了起來，自己笑得很開心。就在他笑得很開心的時候，突然撇見一位少女，有著金光閃閃的髮絲、藍綠色的眼珠、陽光般的笑容鑲在美麗的臉蛋上，配上修長的身體，那是一位美麗的少女；哈里斯看見他的第一秒就在心裡想著『多美麗的少女啊』。

哈里斯連忙追上去，對少女表白，他看到少女的時候，有多驚訝、有多麼的心動。他說自己來自於黑暗的地獄，那裡除了無邊的黑暗就是絕望，如果可以帶著這位少女來到地獄，光是從他那如同海洋邊的藍綠色眼睛所帶來的光，一定可以讓地獄變得光彩，一定可以照亮黑暗中的希望，讓美麗的事物有機會充滿地獄，哈里斯迫切說著，一邊跪下，一邊持續地請求著，這讓名為萊夫基的少女感動了，便答應跟著哈里斯一起下地獄。

在地獄裡，萊夫基的笑聲敲響了麻木已久的沉默，讓所有空洞魂魄的心都跟著呼吸了起來，萊夫基的光讓大家想起了歡樂的過往，當人的風采！所有的魂魄都再度充滿激情，感謝這個小小活人的到來，享受著他分享的愉悅，在一切的歡愉之中，只有哈里斯變得不快樂，因為他知道萊夫基是個活人，總有一天末日來臨，萊夫基必須死掉，而黑暗將再度降臨。光是用想的哈里斯就心痛不已，他沒有能力讓萊夫基永遠活著，但是又不願意失去他，所以他把萊夫基變成一棵樹：一個有著少女柔韌的姿態，又有白皙的皮膚，還有會變色並常發出聲音的葉子，他讓這種樹充滿地獄，延續著萊夫基的光與笑聲。

這棵樹就是『楊樹』。」

「我果然很厲害，而且在很黑的地方也可以長！」

「對啊，跟你現在一樣。」

「但是你說那個哈里斯說我是少女變的？」

「不～不是啦！是希臘人說的啦！」

「他們沒看到我高人類很多，怎麼可能是人類變的！」

「就是神話故事咩～」

「神話是什麼意思？」

「就是人想出來的事情，然後加上一些人做不倒的事情，然後把『故事』這個字眼改成『神話』就是會顯得比較厲害，還有歷史悠久的意思。」

「所以我還是很厲害。」

「你一直都很厲害！」

「你懂就好，我就不打你了，怎麼可能這麼矮的樹，還這麼容易死掉的樹會是我的出生故事，太瞎說了！」

「就是厲害故事才會多啊！你的故事超多的！」

「這樣大家都知道我厲害就好。」

「楊樹超厲害！」

關於楊樹的冥想

試著想起三件自己美好、或是覺得驕傲的事情，光想著就想笑出來，也能輕易回憶出那時候的樣子。在那樣的狀態下，會從你的心長出如同楊樹般的樹枝，有著青綠的葉子對你說「我超棒，我真的超棒的！」然後心悅誠服地收下。

來自楊樹的提問

上下一起長才是真的壯大，
只想往上馬上就會跌倒，知道嗎？

15

這就是我喜歡你的感覺

「看到你的時候，都覺得你很像綠色的花。」我趴在車前草前說。

碧綠色的葉子會拉出五條葉脈，每次看到都有種在賽跑的感覺，但是中間的花像是稻穗一樣，一粒一粒地相連著，淡淡的香味靠近就可以聞到，其實也是到處可見，荒廢的花圃或是公園的地上，都有他的身影。

「綠色的不是我的花，是我的葉子，很好吃唷，你要吃嗎？」

車前草問我。
「你願意讓我吃哪一片？」他抖動了其中一片看起很年輕的。
「這才長出來沒多久吧？可以嗎？」我受寵若驚。
「可以啦，大家都會吃我啊～」
我小心翼翼剪下，稍微擦了一下，送進口中。一開始還有草的苦味，後面有點回甘，跟酸酸的酢醬草不一樣。
「吃起來不錯，但是因為人類對味道的要求很複雜，所以我不會說好吃，但是吃起來心情滿好的！而且我知道你們其實很貼心！」
「貼心？那是什麼意思？」
「很久很久之前中國有一個朝代叫做漢朝，所以你存在好久好久的歲月了。有一回，大家正在打戰，打了很久，又遇到一直不下雨的乾旱，大家都因為缺水越來越虛弱，並且還血尿，馬也都走不動、也馱不動東西、拉不了馬車。然後有一個人發現，其中有幾匹馬好像狀況越來越好，拉出的尿變回本來的黃色，才發現馬一直在吃眼前一團一團的草，他就跟著試著吃幾天，發現自己的血尿狀況也改善，也不會覺得呼吸困難了，讓他覺得沒精神的熱氣也消散很多。又試著多吃幾天，確定真的有效之後，他就讓大家也跟著一起吃，順利地度過了那次困境，所以你就被命名為『車前草』或是『馬舄』。」

「這樣子啊，但是我其實叫做『柱柱』，不叫車前草或是馬舄。」

聽到他說我很驚喜。

「柱柱！」

「對！我叫『柱柱』！」

「你幫自己取的名字嗎？」

「我喜歡這個聲音，所以我這樣叫自己。」

「那還有誰會這樣叫你呢？」
「吃我的，我都讓他叫我『柱柱』，所以吃過我的都知道我是柱柱。」
「為什麼你會希望自己有一個名字、一個稱謂啊？」
「因為我也希望有一個聲音是屬於我的啊，而且是好聽、我喜歡的聲音。」
「為什麼呢？」
「因為風每次來都讓我發出不一樣的聲音，其中有次的聲音聽起來就是『ㄓㄨ』，我喜歡我的身體發出那樣的聲音，所以我希望經過我的、吃我的都叫我柱柱，還可以連續講兩次，我多好、多幸福。」
「柱柱、柱柱、柱柱……」我又這樣多喊了幾次，他很開心。
「那你下次來再來的時候，還會記得自己叫做『柱柱』嗎？」
「就看下次的身體會發出怎樣的聲音，再喜歡那個聲音就好了啊～」

「但是不會覺得很可惜嗎？好不容易有一個名字了。」
「掉了花瓣、葉子被吃都不可惜，怎麼會少了一個名字就可惜。你的名字都被認識你的人叫過、念過、記住了嗎？」
「應該～沒有吧～」
「那你會覺得可惜嗎？」
「不會啊，因為我還是我，而且我也沒有想要認識這麼多人，跟這麼多人有牽連啊……」
「所以啊，柱柱下次不是柱柱，還是會記住喜歡一件事情，然後再把喜歡找出來，繼續喜歡，喜歡的事情不會忘記的。」
「你這麼肯定？」
「是啊～你為什麼不相信呢？」
「誒～也不是不相信，只是我知道你雖然是可以生長多年的植物，但是跟樹木類的植物比起來，你可能更快就代謝掉、或是消失了，雖然你的種子不會大範圍地移動，但是有土地的地方你都可以長。你真的很神奇，因為你真的到處都可以長，所以我在想，你喜歡的事情，難道不會改變嗎？

你知道嗎？你真的到處都可以長，有時候是牆壁縫隙的一小塊土、或是遛狗的公園裡被狗反覆踩過的草皮，當然樹林裡面也有很多你，因為你無所不在，真的可以喜歡一件事情，一直一直地喜歡著嗎？」

「你有喜歡一件事情很久、很久過嗎？」

「動物跟寫字吧。」

「寫字是什麼？」

「寫字就是沒有聲音的名字。」

「喜歡很久了嗎？」

「從我可以選擇事情開始，就開始喜歡到現在，你看到我的現在。」

「那可能比我存在還久？」

「有可能唷～」

「所以因為你會活得比我久，你覺得我喜歡的時間很短，所以不會一直喜歡嗎？」

「不是啦～我是不懂，所以才問你。」

「你如果懂我喜歡一件事情，喜歡得很深、很多的感覺，你應該可以懂，我就是跟你一樣的心情啊～」

「嗯～你說的也是，但是我就是想問問啦～哈哈哈哈哈哈。」

「你不夠喜歡我，所以才會無法接受我的說法吧？」

「你這樣說好像也不太對，我確實不是最～喜歡你，但是我有喜歡你，而且細緻地來說，我是想問清楚『你的喜歡跟我的喜歡』有沒有不同，因為我們確實是不一樣的生物，所以我想了解你。」

「如果我們相同，你就會忘記我們的不同嗎？」
「不會啊，因為我們真的不同。」
「所以不同就很難了解、我跟你有相同的感受？」
「嗯，因為覺得自己、或是說人類喜歡的東西很複雜，或是說很不確定，可能也不長久，跟你說的那種純粹喜歡到歡喜開心的感受有差，所以才會想要一直問。」
「所以你其實最喜歡『發問』。」
「哈哈哈哈哈，你說的也有道理啦！但是我……好、我確實遇到有興趣的對象就會一直問個不停。我對於跟我不一樣的人存在，會覺得有興趣，為什麼對方跟我不一樣，又是怎樣生成的，對於現在的自己，他的感受或是體驗為何。」
車前草頓了一下，「你這樣連續講話的聲音，我好像有聽過，我是不是不是第一次遇見你了啊？」

想到我幾次的搬家經驗，還有上山的歷程，思考著可能……

「那時候我不叫柱柱，但是我應該是喜歡跟你講話的，因為我覺得我們講過很多次話了，你都會問我的名字，也會問我喜歡什麼。」

「你記得之前的事情嗎？」我驚訝地說，覺得眼前的車前草真的很神奇。

「不記得，但是我記得你聲音的頻率，我聽過，我知道！」

「啊！我真的搭訕過很多車前草，我不確定哪一個是柱柱你。」

「沒關係啊，我記得我喜歡跟你講話的感覺。」這句話讓我一陣羞赧。

「我上次應該也有說我喜歡你，我記得你倒吸一口氣的聲音，然後小聲地、害羞地笑了。」對！我做了一樣的事情。

「這就是我喜歡你的感覺，我沒忘記過。」

我笑了，笑得很甜。

關於車前草的冥想

走出家門，去發現一株離你家最近的車前草吧～從他的中間，找一片葉子。順著葉莖，在他五條葉脈中來回走動，專注地看自己的腳，直到自己在這重覆的規律中，身心統一再好好喝水，回家。

來自車前草的提問

你喜歡自己的名字嗎？

16

真的才不會壞掉

「為什麼要從這麼燦爛變得這麼稀薄呢？」頭抵著蒲公英的花朵，我問……

一顆顆黃色的小花朵，總是一欉一欉密集地生長著，花瓣比向日葵更密集地簇擁著，更像是獅子的鬃毛一樣，但是是柔暖的鵝黃色，所以總給我更可愛的感受。葉子發育時前端會分岔，有點像是外星人的手手。果實成熟後則是大家最熟悉的狀態，有著長長毛的種子，長著絨毛的蒲公英，讓種子可以飛很久的翅膀。

「為什麼長完這麼可愛的黃色花瓣後，會讓自己變成這麼輕盈的細絲呢？」

「因為這樣大家才會看見我們，我們很小很小，所以要很多很多才會被看見！」

「為什麼一定要被看見呢？因為你太好看嗎？」

「我本來就很好看，但是大家要看到才會知道，而且我想飛。我花這麼久的時間往下長、往上長、再長出去，就是為了讓大家看到我啊，不然我的根、我的葉、我的花這麼努力做什麼？我們都是要被看見，然後再繼續擴散出去被看見！」

「但是說實在的～你們真的到處都長，其實大家都看見的！」

「你們才沒有都看得見，我們是黃色的時候，你們都看不見我！等到我變成白色的毛毛種子，你們才會來摸我，還會把我們用斷拔起來，想要代替風吹出去，結果每次都沒有看懂風從哪裡吹，亂七八糟地吹到你們自己的臉上，我又不能在你臉上發芽！」

「你說得太好了！」聽得我笑到東倒西歪。「而且我發現折斷你，你們都會很快流出濃濃的白色液體，是不是很痛啊？」

「當然啊，沒事折斷我們幹嘛？有夠無聊的！」

「可能那些人自以為演在偶像劇吧？」

「偶像劇是什麼？」

「就是有一個人、再出現一個人，他們愛彼此，然後就會突然有一些困難發生，讓相愛的人無法相愛。這時候你就會出場，受苦的戀人就會邊哭邊折斷你，然後用你許願，希望可以透過你飛舞的種子，帶著他心碎的愛到他愛人身邊～」

「很多人相愛很苦嗎？」

「我不知道捏～我平常沒關心這個問題，但是偶像劇會這樣演。」

「好吧～如果沒有很多人受苦，折斷一些沒關係，太多我就不喜歡……」他抖抖自己葉子，大概是覺得很莫名吧。

「為什麼會覺得……我的種子會幫他們啊？」

「這可能跟你的傳說有關……」

「傳說又是什麼？」

「就是跟你有關的故事，我講給你聽？」

「好啊？」

「以前有一個花朵王國……」

「沒有葉子嗎？」

「誒～葉子王國可能也有，但是這次我們在花朵王國……」

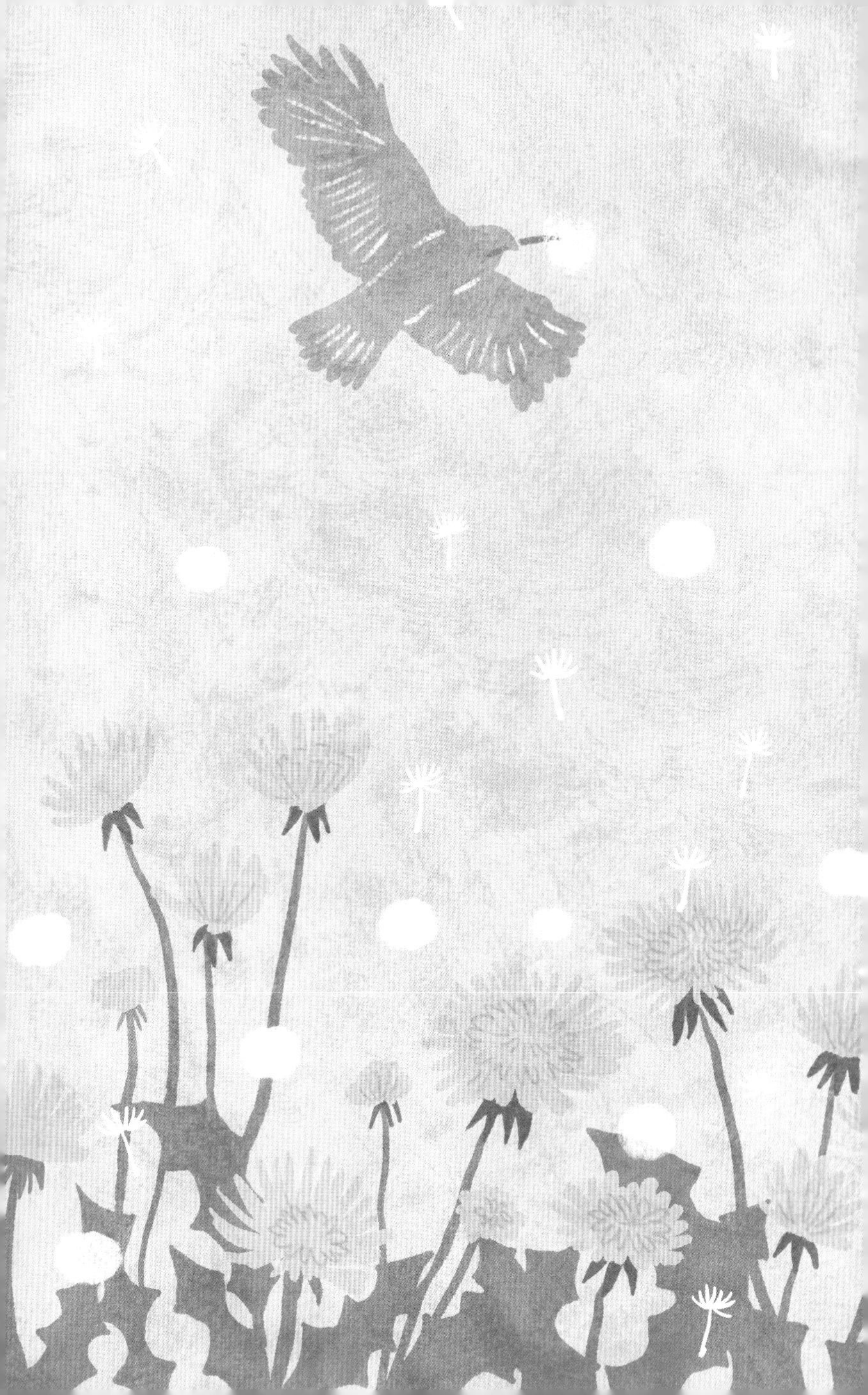

「那邊也有葉子吧！」

「應該也是有的！」

「那你應該說『花朵與葉子』的王國，才對啊！」

「好好好～以前有一個花朵與葉子的王國！那邊有一位國王，他有五個女兒：分別是牡丹公主、玫瑰公主、百合公主、水仙公主跟最小的蒲公英公主！」

「為什麼我最小啊，我黃色很好看啊！」

「可能是從花瓣大小去排序的吧！」

「我要長超快、長超多贏過他們！」

「好好好！你加油～長得又多又快～我繼續說齁～」怎麼感覺故事會講不完？

「雖然蒲公英公主～」忍不住往他看了一下，他一副等著我會說出什麼話的樣子。「長得比其他的公主小很多，但是顏色鮮豔而且有自己獨特的香味，也是很受到國王的寵愛。」他一臉滿意的樣子，看起來不會再打斷我，我繼續說。

「有天隔壁竹子帝國的國王派遣使者來求婚，希望為自己的竹王子們求婚，讓彼此的關係變得更好，花朵國王讓公主們……」

「花朵和葉子國王啦！」我內心偷笑了一下。

「喔！對，花朵和葉子國王讓公主們自己選擇，看他們想不想結婚，喜不喜歡竹王子們，總共有四位王子來。國王舉辦了盛大的舞會，讓他們自行互動，決定關係，四位公主旺盛地綻放自己，讓整個舞會充滿不同的顏色與香味，但是～」

「我怎麼了？」

「不是你啦，是那位蒲公英公主啦！」

「一樣啦！我怎麼了～」

「害羞的浦公英公主，只敢在角落的柱子邊看著大家，在暗處，小小的黃光更無法被看見了……」

「不對啦！我才不會這樣！」

我慌忙地安撫他。「你等我一下，讓故事繼續說一下好嗎～等一下的發展你一定會更喜歡你自己的！」

「哼！」蒲公英不爽地抖抖葉子。

「但是後來只有百合公主跟水仙公主選擇了王子，跟著他們回去竹帝國，大王子跟小王子依舊是單身的回去了，從一開始就對小王子情有獨鍾的蒲公英公主也只好帶著悵然若失的心，目送他們離去。」

「太不勇敢了，我們這麼會飛，一下就過去了，蒲公英公主真的太弱了！」

「不過～後來壞消息就傳出來了……」我頭低低著，不說話……

「誒！你說啊，怎麼了，我要聽啊！」

我抬頭哀傷地說，「小王子生病了……」

「我喜歡的那個小王子嗎？」

「對！他生病了，他生了很嚴重的病，長出了很多黃斑，長滿了全身，他幾乎不能呼吸了！」

「這麼可憐！」

「可憐到要死掉！」

「不要讓他死，救他啊！」

「你也想救他嗎？」

「對啊！一定要救他啊！」

「蒲公英公主也是想要救他，但是救他要去很遠很遠的地方，那邊很冷、很黑，不過有厲害的藥草女巫，知道怎麼調製治療竹子的藥！」

「我去！」

「是的～蒲公英公主不顧眾人的勸阻出發了，他知道這趟可能有去無回，但是他希望王子可以得到藥，所以他跟隼說好，願意用自己的身體做交換，讓他做自己的巢穴，但是希望隼可以把藥帶回給竹帝國的小王子，那蒲公英公主就會好好地待在隼的巢穴裡面，守護他的新生兒。

隼同意了，叼著瘦弱的蒲公英公主往遠處飛，飛得很高、也飛得很久，順利拿回治療的藥，急急地送往竹帝國給小王子，看到服用藥物後有起色的小王子，蒲公英公主向他告別，走向隼，完成了他的諾言。」

「所以公主還是沒有跟王子在一起。」

「對！」

「但是因為他已經是蒲公英，所以也沒辦法吹蒲公英說想念小王子？」我噗疵笑出來，想不到他還記得。

「對，因為你們只能分離，而且因為你的身體已經給隼了，所以就也沒有身體可以帶訊息給你愛的人！」

「這樣還叫偶像劇？」

「通常這麼可憐的，我們會叫『悲劇』」。

「不要啦！」

「這種故事我不要，我還是靠自己長大、長多就好，這故事不對啊！我們蒲公英才不是這種花，這個故事太假了！」

「偶像劇常常都是有假啦！」

「我不要聽啦！」

「那我們就別說了吧～」

「你最好也不要聽，聽了會腦袋壞掉，我們根本不是這種植物，親自來看看我們，不要聽他們亂說！」

「好，我都是親自來看你們！」

「親自看到我們，才是真的，真的才不會壞掉！」

「對～真的才不會壞掉！」

關於蒲公英的冥想

將自己的手掌想像成蒲公英，用力握緊再全然地釋放，感受緊繃的肌肉與心情從你的指間、指甲片不斷地釋放出去，一次又一次地重覆，直到你的心跳與呼吸變得平順而緩慢。

來自蒲公英的提問

可以做人就不要當公主，知道嗎？
王子也不要當，會生病！

17
錯也沒關係

「你知道你長得不像你聞起來的味道嗎？」我邊吸香蜂草邊覺得癢問著。

香蜂草乍看之下真的很像長更多毛的薄荷……我把我的想法跟他講的時候，他只是笑更大聲了，然後好聞的檸檬味就更明顯了。

香蜂草不會長得很高，但是滿容易栽種，喜歡用淺淺的根覆蓋著土地，葉片通常可以長得滿大，淺綠色居多，會對稱地長，還會開出白色的小花，莖跟葉布滿細緻的白絨毛，要靠近才看得見。

「不然我長得應該要像什麼味道？」他用他的白絨毛刷著我的臉說。

「因為我剛說你像薄荷啊，因為薄荷就是有種涼涼的味道，所以就會覺得你好像應該是那個味道。但是你不是，你的味道聞起來像是另一種叫做檸檬的植物，以人類來說那個味道酸酸的。但是不管是涼涼或是酸酸，都是很讓人清醒的味道，也會讓我心情變好的味道。」

「所以我沒有涼涼也沒關係？」

「沒有關係啊，你是你自己就已經夠好了！」

「我也是這樣覺得。」

「雖然你一開始把我認成別的植物，但是這邊本來就很多植物會一起長，所以你看錯也很正常。大家都是這樣互相在一起的，分成你跟我

或是他跟我，其實只是一種打招呼的方式。就像我看著你站著，然後你躺著，把臉靠近我，我也才比較看清楚你的樣子，不然你就跟每天走過著這裡的人一樣，如果沒有停下來，誰都不會知道對方是誰。」

「嗯～停下來真的很重要！」我感嘆地說。

「好好地停下來，發現周遭的樣子真的很重要喔。不是一長都可以長出去，花時間在錯的地方，不會有植物讓你，也不會有植物等你，往愛吃你的昆蟲那邊生長更是愚笨的事情，看好周遭、觀察好自己，讓自己舒服地成長，是我一直在做的事情。」

「你都怎麼觀察周遭的啊，你沒有很高，不怕會看不清楚陽光的走向嗎？」

香蜂草抖動地笑了，「就是因為不高，才只要看這個高度有的陽光就好了啊！」

「誒！對捏！哈哈哈哈哈！」我們抱在一起笑得很大聲。

「我觀察周遭的方式是先讓我的小鬚根往外長，不會急著往特定的方向，一邊找水，一邊找土質鬆軟但是堅固的地方，一方面還有陽光，這是一起做的，所以急不來，就是要仔細確認，因為就算太陽不變、風也會變，水也是一直在流動的，只有土地是安穩連續的，所以先抓好土，最重要！」

「真的！看清楚自己所在的位置，站穩真的很重要！」

「沒錯，接下來才是努力地擴張自己，缺水的時候先往有水處走，覺得陽光才能讓我維持就往陽光攀；如果都還不缺，就順順地慢慢放大就好，等到有變化的時候，再決定自己要往哪個方向。慢慢來，比較快，而且安全。」

「誒~我也常說這句話，『慢慢來，比較快』。」

「對啊，你懂！不然花時間修正錯誤，又要一邊生長，其實非常地耗費體力，如果又沒有資源，那時候不是不能長的問題，是要吃自己才能過活，那時候不論誰幫你，都會變得很小力、很沒用，因為你連自己都顧不好，怎麼可能可以順利地接受別人的好意，活著就已經太難了啊！」

「天啊！你說得太好了，如果不把自己顧得好好的！讓自己可以好好接收他人的幫助，別人的幫助也只是讓我們消化不良而已，反而更會形成壓力，你說得真的是太好了啊！」

「你會懂，那你一定有做錯過，你為什麼做錯呢？」

我仰天大笑。「對啊，我錯過，還錯過很多次，我超笨的！以前齁～我有時候忙起來齁～就真的忘記吃、也忘記喝，不看陽光也不看風，然後就維持一個偏停滯的狀態，一直撐著做一模一樣的事情，直到完成。我有時候真的會有點失心瘋的偏執狀態！然後等到做完了，事情雖然是做完了，但是人也差不多完了。結果朋友想來幫我處理接下來的事情，還必須先讓我活過來，可以好好對話，或是好好吃飯，要先能恢復自己照顧自己的狀態，他們才可以離開讓我自己繼續一個人，他們就常笑我『哪有人做完工作了，就沒事找事做，給人添麻煩啊！』我真的是很笨，不好好自己照顧自己的傻瓜！」

「那你現在還會這樣嗎？」

「早就不會了啦！動物教會我照顧自己，而且我常跟植物聊天，我知道停滯要用在對的地方，就像我剛才問你的，停下來是為了觀察，不是為了把自己困在某一個地方，然後快要死掉！超笨的！」

「超笨的唷！」他輕聲笑著，我自己笑自己很大聲。

「你剛說你『繼續自己一個人』。」香蜂草輕壓我的臉問我。

「對啊，我很常自己一個人，但是我的生活環境有很多的動物，誒！

跟你比沒這麼多啦，就是我有六隻貓咪、一隻狗狗跟一隻澤龜，跟我一起生活，所以其實也不是真的都是一個人，但是確實沒有人類會一直在我身邊。」

「所以你身邊沒有同類？」

「有啦！還是有啦，還是有朋友啊，跟我同類的人。我們會相聚，有時候在家裡，有時候在外面，我們會聚在一起，聊天、吃飯，我們感情很好的，我也很喜歡跟他們在一起，但是我更習慣自己一個人啦。」

「這個習慣怎麼來的啊？」被他這麼一問，我也陷入了回憶的漩渦……

「以前我很不能一個人，除了睡覺，我身邊都會一直有人在，我跟很多人來往，也很習慣在人群之中生活，但是我常常覺得我還是一個人。即便我明明在大家之中，我常常在他們之中感覺到自己是停滯的，他們好像都看不到我，也不會好好聽我說話，就算這樣在一起，也像是不在一起，那種被透明化的感覺讓我覺得很孤單，覺得自己好像一點都不重要，也沒人喜歡。」

「真的都沒人喜歡你嗎？」

「不一定啦～但我是這樣感覺的。」

「那真的很孤單過，我沒有真的孤單過，但是你看起來很不好，那一定是不好的事情。」

「滿不好的。」

「那現在的朋友，跟那時候的人群有什麼不同呢？」

「你問得真好！」我有種很被理解的感動。

「這些人把我當人看，不管我是哪一種狀態，他們懂或不懂我，都會給我明確的回應。我們都可以很明白地說『喜歡或是不喜歡』，也可以交換彼此不了解的事情，那些差異不會形成距離，看不懂的事情，會盡量說得明白；就算不懂也不會擔心對方的看法，依舊幫助著彼此，在喜歡對方的時候，很大聲地說出來，所以大家都活得很開心。」

「像是不一樣的土地。」

「對！像是不一樣的土地！」

「所以你也跟我們一樣，要在好的土地裡，才能長出更適合自己的樣子，更適合自己的朋友。」

「是的，我們在好的土地裡，才會知道要先照顧好自己，別人才有機會照顧你。」

「那，你之前錯也沒關係，你現在懂了。」

「對啊～錯也沒關係的。」

關於香蜂草的冥想

將手握緊，感覺到自己的手指黏在手掌上，深呼吸、深深地呼吸，感覺自己的身體回到平衡的狀態，感覺自己逐漸放鬆，將手指一隻、一隻依序張開，再從指尖看回手掌、手臂、身體，感覺自己的整體存在在環境之中。

來自香蜂草的提問

長錯了也沒關係，你知道嗎？
因為你還會想要繼續長的～

18

最辛苦的還會是你喔

「你為什麼願意活得這麼久啊？」看著西洋蓍草密集的小花，我問。

花頂是密集相連的小白花，一個花枝大約七到十朵，然後旁邊又是同樣的結構，約略也有五、六處，大家靠在一起的樣子，有點像是蜂巢，但是又各自獨立開來。小小的葉子像是捲曲的毛毛蟲整齊地爬在葉脈上，真的是非常有趣的植物。

「我活得很久嗎？」

「據說你是活得最長的草本植物，而且加上你的長相，所以古書《博物志》有云：「蓍千歲而三百莖，其本已老，故知吉凶」。意思是說，你活了千年，然後長了很多葉子，且你的本體已經非常古老了，所以非常知道吉凶禍福，所以在滿多地方，人們發現你的植物特性，都會拿你來做占卜，大家也會稱你為『神蓍』或是『靈草』。」

「占卜？」

「就是使用你的軀體，然後看你的樣子，或是把你拿起來折斷看開展的方向，或拿你的花來揉，然後放在地上看狀況……然後再解讀你的顏色啊、形狀啊之類的，用來表示好壞或是方向。」

「不能用問的嗎？」

「也不是人人都可以跟植物說話啊……」

「那為什麼不練練啊？人就是有需要才會努力的動物啊，既然說我活得久很厲害，想要用我的經驗，又不好好學著跟我說話，就是懶。」

「是滿懶的，坦白說也很現實！」

「現實的植物才會長大、活好。」西洋蓍草嘆了口氣說。

我看著他，想了一下，「人不一定現實就能活好，但是可以好好自處，大概不會死得太難看。」

「我離死亡還太久。」

「講到這個，你跟死亡還有一個相關的故事，是在希臘那個地方，神話中有一位大力士叫做阿基里斯，他是神跟人的混血兒，他的神媽媽擔心這個有人類血緣的小孩不夠勇健，所以就抓著他的腳踝浸入冥河之中，讓他擁有刀槍不入的身體。他果然也如同媽媽所期待的，變得又強壯又英俊，成為人人都佩服跟羨慕的大英雄。但是，再強的人都是有弱點，而這弱點在某一天就是被發現了……

原來是媽媽抓著他腳踝，所以腳踝並沒有浸泡到冥河水，所以並沒有無堅不摧。當有人用弓箭射到阿基里斯的腳踝，他頭一次產生『痛覺』。他簡直不敢相信自己的身體會有這樣的感受，他也不敢相信自己的身體竟然會出血不止，隨著鮮紅的痕跡布滿他的雙腿，在他不知所措而腿軟坐下的時候，壓到了一株開著的花的小草，竟然讓他感覺傷口有點放鬆、血流有點變慢，他發現自己沒這麼痛了。

他將草拉過來，揉碎了一些在放在自己的傷口上，傷口慢慢地緩了下來，他的緊張也慢慢鬆弛，他發現這個名為『西洋蓍草』的植物可以治療傷口，又可以幫助心靈平靜，在這凌亂的戰場上，西洋蓍草獨自開著花，隨著風搖曳，好像也在治療受傷的土地，阿基里斯深深被感動著。」

「我是真的可以到處長，就算水少一點、冷一點，我還是可以活出來，矮一點也沒關係，我還是會好好開花，你現在看到白花，但是我也

可以開粉色的小花。」

「為什麼小花朵們要長得這麼密集，而且要這麼相連著啊？」我忍不住又問。

「因為這樣來的昆蟲都吃得到，也不用擠在一起啊！」聽到這麼直白的答案，竟覺得自己很小心眼。

「你也想吃嗎？」

「我的嘴巴無法這樣吃，但是看著你，我就夠了。」

「看著我就不會餓？」

「不是啦，就是我可以看著你就足夠了，我不需要對你做什麼。」

「所以你不會吃我！」

「誒～等一下，可能～我可能也有吃過你，因為你是可以拿來做成啤酒的原料，我不確定我有沒有喝過你，因為有些國家會拿你做酒。啊還有些國家會用你的嫩葉做沙拉，好吧！我又更不確定、我有沒有吃過你……但是此刻我很確定，我們好好這樣待著就好，我沒有要吃你，我只想好好跟你講話而已。」

「也不會拿我占卜？」

「哈哈哈哈，我不需要知道什麼好事、壞事，所以我不會拿你起來占卜唷。」

「你不相信我知道很多事情？」

「喔～我相信你知道很多、很多、比我多很多很多，如果你願意跟我說，我很樂意聽，但是我不需要拿你的軀體來做什麼，我喜歡我們這樣各自安好的樣子。」

「我能告訴你一些事情。」

「我很願意聽。」

「我們其實不常遇到像你這樣的人。」

「怎麼樣的人？」

「會跟動植物講話，並且會等我們回應的人。」

「我也很慶幸自己可以做這樣的人。」

「但像是你這樣可以跟我們講話，只是開始，在你開始聽到我們的話之後，也要試著明白我們之間的距離。」

「距離？」

「就是你們不會是我們，所以很多時候，我們對彼此的對話是一種要求。可能彼此都無法退讓，我覺得你常想著我們植物怎樣比較好，但是如果你不同時也去思考、你們人類怎樣會比較好的話，我們之間本來就存在的差異，只會變得更具體並且更遙遠，更無法靠近彼此的。」聽得我內心哀鳴，暫時無法說話。

「我……」想說點什麼，但是又說不出口。

西洋蓍草把花輕輕點在我身上，聞到有一點苦苦的味道，突然覺得鬆了一點，試著再深呼吸幾下，讓腦袋放空一會……

「你有遇到過，可以把距離拉近的人嗎？」

「有啊。」

「他們怎麼做？」

「你們是不一樣的人啊。」

「什麼意思？」

「你們不會做一樣的事情，就算你們都會講話，你們無法做一樣的事情，你們從講話的方式、對待植物的方式、跟動物相處的方式都不一樣，因為你們如此不同，也會找到不一樣的方式去面對你們的同類。因為你們擁有可以溝通的頻率，所以如何校準頻率讓你自己也可以安心在自己的同類裡，其實也很重要。我從不覺得我的同類是跟我不一樣的存在，我們是同根生的同類，差異不是我們理解對方的方法，用距離來分類也不會讓我們在一起活著的時候更好。都已經同在一起了，又在同群之中分別，最辛苦的還會是你喔，然後我們這邊或是你們那邊都不會明白你的痛苦，那是你一個人的事情。」

聽著他說的，我安靜了很久。

關於西洋蓍草的冥想

深吸深吐七下，直到自己身體有快要入睡前的鬆弛感，然後緩慢地、溫柔地將西洋蓍草白色的小花，一朵、一朵再一朵地放到自己的心上，感覺他將破碎的你聚合，然後再縫合，消除你的痛，解放你的苦，深深地療癒你。

來自西洋蓍草的提問

在自己的群中，你感受到自己的快樂嗎？

19 愛你的心

「不論在哪裡，你們都是最迷人跟最被人喜愛的！」我對著玫瑰說。

玫瑰有很多的別名，但是我想多數人都有自己喜歡的玫瑰樣子。他們有單瓣五片的花，也有重瓣複合的樣子，據說世界上有兩千多種玫瑰，而我想每天都還在變多，你能想到的顏色都還在被製造著，被人鍾愛的物種沒有純粹的機會。

「我很習慣身邊有人了。」玫瑰說。

「我也滿習慣在生活中看到你，各種的你。」我回答道。

「你也喜歡我嗎？」

「後來比較喜歡，一開始不太喜歡。我以前比較喜歡扶桑花，剛開始聞到你的味道的時候，覺得太濃郁，後來才慢慢接受、喜歡你。我滿喜歡喝你的純露，會有一種覺得內在的安穩可以好好地沉澱下來，但是同時有種溫柔的愉悅感。」

「你覺得我漂亮嗎？」

「漂亮啊，而且我認真種過玫瑰很久，每年都期待跟他相見。」

「開始喜歡我，就會喜歡我很久唷，因為我會讓你們想起自己喜歡的樣子。」

「什麼意思？」

「開始喜歡的時候，代表著你也開始在意你自己的樣貌，在意別人怎麼看待你，你會希望自己長得更好看一點、或是更鮮豔一點，或是你知道的自己美好的一面可以再被理解，那就是玫瑰教會你們的事情。」

「你怎麼發現人類是這樣的？」

「因為你們從認識我們以來，人類對我們的每一個世代都說一樣的話：『變美吧，你變得更美，讓我也變得更美吧！』所以我們會一起啟動變化，因為我們都願意成為更美的自己，我們有共同的追求。」

「所以要等人開竅，想要追求更美的自己時，才會喜歡你？」

「也有人看到我就喜歡我，那時候他們可能小到不知道美是什麼？我們已經在你們的心裡面住很久了，喜歡我們是一種天生可以發生的事情。」

我一邊想著玫瑰說的天生，又想到自己好像不是這樣，有點混亂，玫瑰接著開口：「你只是選擇先長出你自己。」

「蛤？」

「你是因為選擇先長出你自己，等自己清楚了才想要長出你的感受與判斷，所以我們比較晚一點相遇。但是我們終究還是相遇，而你還是也愛上我了，因為你也不是第一次愛上我了啊～」

一方面想著我也太晚才追求美，但是又想到小王子與玫瑰的故事，忍不住轉身問他說。

「你有被小王子深深愛過嗎？」

「我被很多人深深愛過，所以我才會這麼多樣。」

「那～你有被一個人深深深愛過嗎？」

「有的，不同的時間，有不同的人，費盡心力愛我，而我知道，所以我盡力綻放，讓他知道他的愛沒有白費。」

「法國有一個故事叫做《小王子》。小王子是一個特別但是孤獨的男孩，他照顧『一朵玫瑰』；一個在他所在的土地僅有的一朵獨一無二的玫瑰，只為他綻放的玫瑰。小王子每天用很多時間、很多水去照顧他，還幫他除蟲、防風，就是為了讓他的玫瑰在盛開的日子裡，完全地嬌豔。光是看著玫瑰，就讓小王子開心又得意，覺得像是擁有了全世界。」

「我也是可以這樣覺得。」

我稍微轉換了口氣……「但是啊～有天小王子需要離開這地方，這個只有一朵玫瑰花的地方。」

「為什麼啊？」玫瑰急切地問！

「因為小王子需要一點改變，即便……他還是愛著玫瑰的。」

「他想到不一樣的方式愛著玫瑰了吧？」

「我想應該是的。」我們一起沉思了一下，想著那可能會是怎樣的愛……

「後來他離開了只有一株玫瑰的土地，在其他的地方，發現很多的玫瑰、很多很多的玫瑰，他才明白，他的玫瑰不是獨一無二的，這世界上還有其他更多的玫瑰。他確實有他的驚訝，但是他的朋友對小王子說：『你在玫瑰身上所花費的時間，讓你的玫瑰花變得如此重要。』小王子雖然有點混亂，但他最後還是冷靜下來，清楚地說道：『我的那朵玫瑰，別人以為他和你們一樣，但是他單獨一朵就勝過你們全部。因為他是我澆灌的，因為他是我放在玻璃罩中的，因為他是我用屏風保護起來的，因為他身上的毛毛蟲是我除掉的，因為我傾聽過他的抱怨，聆聽他的吹噓，還有他的沉默。因為！他是我的玫瑰，是我的玫瑰！』」

「小王子愛玫瑰。」

「玫瑰也愛著小王子吧？」我問玫瑰。

玫瑰又盛開了一些，「我們一向愛著人，一如你們深愛著我們、需要著我們。」

「所以我們像是互相照顧嗎？」

「是因為你們需要我照顧。」

「我們需要？」

「你們需要我們，才會讓我們妝點你們生活的周遭，讓我們不斷地充滿你們，不是嗎？我們從原本的樣子變成你們更喜歡的樣子，我們也不在意本來的樣子了，只是繼續朝著你們喜歡的樣子變化，所以是你們需要我們，讓我們不斷改變自己，變得更適合你們，因為你們也想要這樣子被對待。」

「你是說玫瑰變成被人類需要的樣子嗎？」

「是有共同目標、彼此需要的樣子，我們是一起共好的夥伴。雖然我們外在不一樣，但內在都是一樣的，就像你說的小王子與玫瑰，因為我們都愛著，所以會希望我們心中的愛可以相連，可以清楚明白到讓對方知道，所以我願意外貌不是我自己原本的樣子，但是我們心連在一起就可以。」

「您又是如何知道、我們的心是連在一起？」不知道為什麼，講這句的時候我竟然肅然起敬想用『您』來問他。

「因為你看到我就笑了，大家都一樣，看到我就笑了。」

「確實是會笑的，但是也很多時候，會被你扎到叫出來。」

「但是你們沒有讓我的刺消失啊～」

「哈哈哈哈哈，對！很妙，雖然我知道有些人試圖這樣做，但是多數的人都是花時間在處理你的花，而不是處理你的刺……」我嘆了一口氣，望向他。

「不管是怎麼樣的人，其實都只想好好跟誰相愛，然後有機會送上一朵玫瑰給對方表達心意吧？」

「對啊，我就是你們的心。」

「充分表達愛意的心。」

「愛你的心。」

關於玫瑰的冥想

雙手交疊在自己的心輪，連續說二十一次「我喜歡我自己」，然後再下移到海底輪，連續說二十一次「我喜歡我現在的樣子」，感受自己的心輪與海底輪交會，感受自己身上散發出暖暖的光，包圍自己。

來自玫瑰的提問

如果不能相愛自己，可以找一個人或是動物或是事情來相愛，再看見自己的樣子嗎？

20

你們做人就好

「你真的很積極地要長捏～」

我看著黑莓彎彎的勾說。

黑莓其實是很多種植物的集合名稱，可以長得很像小樹，但是也有攀爬的樣貌，他們長出歪歪的小刺，被風吹著往上，會長出新的枝枒，若往下則會生出根，開始擴散出去，粉紅或是白色的花吸引蜜蜂到來，結出深紫色的果實。

「你真的往上也可以、往下也

能長，你很喜歡自己迅速地壯大起來嗎？」我輕輕摸著他軟軟的勾，問他。

「我很有用，所以當我可以長出來的時候，又能幫助動物、也能幫昆蟲，更重要的是幫助我自己，機會是自己給自己的，不會等別人來幫你的。太陽不會因為你不移動，風不會因為你需要就變小力，水本來就是要自己找，你以為我生長不費力嗎？我的每一個我都在為自己的存在而勤奮地付出，因為發生在我身上的，必然會回到我身上，成就我。」

黑莓一臉得意地說。

「真的都沒有白費嗎？」

「沒有！」感覺他想都沒想就說出來了。我想也是真的吧。

「所以你的花期這麼長，開花也快，也是為了讓蜜蜂採蜜採個過癮？」

「鹿也很喜歡吃我唷。」

「其實我也喜歡吃你啦！」

「知道我的、都會來吃我，就算是同一株，我們因為太陽、因為土的關係，味道都會不一樣。不管你們還是蜜蜂都會找自己喜歡的，我是我，但大家遇到我的時候，都會長出自己的樣子，找出自己的味道，你不覺得我很神奇嗎？」

「你說的很對捏。喜歡酸的、喜歡甜的，來吃花的、來吃葉的，也許還有啃啃樹枝的，其實大家找到你的時候，都會有自己的選擇，也應該會有自己喜歡來吃飯的時間吧！」

「如果沒有下雨擾亂大家的作息，蜜蜂來得最早，鹿不一定，人通常是比蜜蜂晚一點，但是人不常來，而且選很久，不像鹿一邊聞就一邊吃，蜜蜂早就選好才降落在花上。你們人嗬，就是長得大，不太會統合自己，老是讓自己看的時候，不是自己想要的，選了之後，又吃得不確定，好不容易有一顆喜歡吃，下一顆又吐出來，到底是不會選自己需要的，還是沒搞懂自己需要的，我也是看不懂。」

「噗，哈哈哈哈哈哈！你說得太好！我想人鼽～是想吃又怕不乾淨，吃了甜又開心想要再吃，結果看不懂顏色就吃到酸的，不然就是摘下來看到毛毛蟲，又嚇到瞬間就丟開了果實。人鼽～在植物面前、在森林裡面，自在的少，驚嚇的多啦！」我邊笑邊說，雖然覺得自己其實也差不多是這種大驚小怪的人。

「那幹嘛還要進森林？」

「因為喜歡植物啊，我們並沒有忘記我們從這裡來，只是太久、太久……」突然我一陣心酸……深吸一口氣繼續說：

「太久沒有好好地跟森林相處，忘了怎麼跟植物溝通，忘了怎麼跟動物相處，只剩下陌生的感受幫恐懼充氣，但我還是喜歡森林的，希望自己依舊是尊重你們，並且可以跟你們好好相處的，雖然能做的還是很少。」

「吃我吧。」我輕輕轉下一顆深紫色的果實吞下，偏酸但是有甜味。

「再吃一顆吧。」我又吞下一顆。

「再來。」我有點疑惑，但是又取下一顆，看著他。

「吃吧。」我咀嚼後吞下。

「味道都不一樣吧？」他驕傲地問。

我笑了出來，「對啊，有差異。第一顆偏酸，第二顆都是甜的，最後一顆酸甜酸甜都有，雖然他們看起來都是偏深的紫色。」

「你都知道不同，你就是知道怎麼跟我們相處了啊？」

「這樣也算知道？」

「每個人、每隻動物、每道陽光跟吹到你我身上的風雨都不一樣。

準備好喜歡我們，也會被討厭，準備好討厭我們，也可能會突然喜歡我們，你們人啊……也許不是忘了怎麼跟自然相處，而是不想跟自己相處，所以才會都用一樣的方法回到森林，森林之中沒有一樣的東西，你們怎麼可能只用一種方式回應我們。喜歡又如何？討厭又怎樣？如果不是在當下好好跟我們相處，終究就是錯過了……我們都在這，而且是一直在這裡，離開的都是你們，想要回來卻只是路過的也是你們。當你說喜歡又無法留下的時候，你才是真的明白自己，跟這裡的關係已經不一樣，所以不是想要留下來，是該來的時候好好待著。」

我深深吸了一口氣，然後很慢地吐氣。

「對啊，像你這樣很好，就是專心地感受我們，然後再回到自己。」

我看著眼前的黑莓們，突然也看見幾個在暗處的黑莓，也發現他們的顏色有深黑色、也有紫色跟深紫色的差別。「對啊，其實你長得很不一樣。」

「看到就好，來到森林的人不會只有一種眼睛看我們的。」

「你這句話，讓我想到一個跟你有關的故事。」

「喔～說來聽聽。」

「以前在英國有一個地方住著一位老父親，他有兩位女兒，姊姊跟父親長得很相似，連個性都很像，比較沉默抑鬱，也討厭跟人來往；妹妹雖然比較不像父親，但是有著溫柔又善解人意的個性，生活在一起盡量不讓父親跟姊姊變得心情更不好，往往獨自把家裡打理好並且照顧好他們。

有天一位疲憊的旅人敲了門，並沒有人理會，等到妹妹從房後端出飯給父親跟姊姊吃，聽到敲門聲才匆匆地過去，然後倒了一杯水給旅人，直到門後傳來催促的聲音，妹妹慌忙地又塞了個麵包給旅人才離去。

第二天同樣的旅人帶著一堆隨從來，原來他是名王子，為了感謝妹妹的幫助，他想來道謝並且想迎娶這位善良的女孩。

姊姊一聽馬上用金杯倒了酒出來，並說是自己給王子安排的，王子連忙拒絕，說是妹妹，姊姊聽到之後甩門回到家裡向爸爸哭訴，爸爸就把妹妹賣給了女巫，好討自己大女兒的歡心。

得知消息的王子慌忙到女巫的家，卻遍尋不著妹妹的蹤影，只好黯然失神地離開，而這時候隨從之中有一位巫師，知道是女巫的詭計，便讓王子變成鳥，讓他往上飛，看看狀況。這才發現自己前腳離開，女巫門前的黑莓樹就變回正在哭的妹妹，一顆顆的果實都是眼淚。一發現真相，巫師立刻再度上門對抗女巫，並且讓王子變成蜜蜂，深深親吻黑莓的花朵，妹妹果然變回原本的樣子，跟著王子回到城堡，過著幸福快樂的日子。」

「所以？」

「所以？」

「所以這個故事到底在說什麼？你們要把我們種在哪裡，好好種就好，不用親吻我們啊？」

「蛤？你聽到的是這個。」

「我還聽到我會變成人，但是我才不會，我就是黑莓，一直都是。」

「故事就是老愛把人變來變去，就說我們有關係。」

「好好吃我們，我們就有關係，記住我們的味道就好，不用變成我，你們變成我們這個樣子，看起來也太不像樣了吧！」

「大概是無法像你們這樣努力。」

「算了吧，你們做人就好！」

關於黑莓的冥想

把自己的手想得很軟、很軟，然後放在泥土上，感受自己的手指是不是想要往土裡面放，在過程中興起的其他理性思考，一個個放下，直到自己的手有種放鬆的舒適感回傳到你的身體。

來自黑莓的提問

你們真的會想要變成一種植物，
或是別的人嗎？

21

去曬太陽吧

「你有最特別的顏色呢～」我對紫羅蘭說。

紫羅蘭非但有生物少見的紫色、還有藍色，並且總是可以開成一大串，真的很難忽視～雖然現代農耕的發達讓他有更多的顏色，但是他還是很特別，更有趣的是，紫羅蘭的葉片有時候還長得像湯匙，到底想要吸引怎樣的昆蟲駐足在你身上呢？

「因為我知道我要遇見誰，所

以我才將我最好的、最喜歡的分享出來。」紫羅蘭得意地說。

「什麼意思？」

「因為這個表現的方式，也是我最喜歡的。每當這個能量出現在我們身邊的時候，大家都用全身去吸收，但是不一定會再發散出去，因為這樣的能量是可以維持最久，也可以讓我們更有力氣的；但是我知道如果我願意釋放，我就會吸引到更多的昆蟲，而我的花蕊是不一樣的表現型態，更可以讓昆蟲們知道我在這裡。他們會連續來唷，特別是蜜蜂，我太喜歡他們來了，所以我一次都開好多朵，讓他們不要錯過我，持續在我身上停留，這樣我就可以更壯大了。」

「所以你最喜歡蜜蜂嗎？」

「喜歡唷，所有的昆蟲我都喜歡，但是蜜蜂我最喜歡，他們很可愛唷～來一隻等下就好多隻來了，然後大家都會告訴大家，我身上就可以

都是蜜蜂唷。他們都超聰明的，吃過的不會再吃，我可以繼續生產，然後我們都知道怎麼可以對彼此更好。我們喜歡他們，他們喜歡我們，所以我們都會變得更好。我都可以想像我長得很遠、很多的樣子，我也可以感覺到蜜蜂有我，他們的族群變得更壯大而甜蜜，因為我就是這樣的味道。」

「聽起來好棒唷！」

「那我再繼續跟你講更棒的事情，就是我喜歡的蜜蜂！」

「你喜歡的蜜蜂？蜜蜂你不是都喜歡嗎？」

「我是都喜歡、但是他們很不一樣唷！有些蜜蜂會對著我跳舞，然後再努力釋放更多味道，一邊跳舞、一邊讓蜜蜂們來，然後我就一下子被吃好多、好多，超開心的！」雖然我聽起來很癢，但是他真的很開心。

「還有一種蜜蜂，感覺大一點，比較會獨自出現，他出現的時候會來回走在花瓣上，前後左右，然後就認真吸花蜜。一開始小小口，然後變大口，他會有一種快樂的感覺，雖然只有他一個，但是不知道為什麼我就變得特別快樂，然後我們就一起快樂了起來！」

「聽起來好像在約會，好甜蜜唷！」

「有一點像是那樣的感覺。」

「你知道你的故事，其實沒這麼甜嗎？」

「我的故事不甜？」

「對啊，以前在希臘那個地方，有一個非常美麗的女神叫做維納斯，他不但非常美，而且還是掌管美與愛的女神，受到很多人跟神的喜歡……但是有一天，他所愛的情人遠行，要離開他，這不得已的道別讓女神眼淚不止，晶瑩的淚珠一顆顆滴在與情人別離的路上，但是分離還是發生，痛苦就是痛苦，再美都是淒美。

但意外的是第二年，在那條分離的路上竟然長出了很多美麗的花，藍色的、串串如同淚珠的花，那就是你，紫羅蘭，你是女神的眼淚。」

「我變成約會過後的東西啊，那個女神太傻了啦，蜜蜂走了都會再來的啊！只要你夠美麗，蜜蜂也會來、蛾也會來。喜歡過了一個，就可以換下一個啊，不然要等多久，花很快就關起來了，沒有被品嘗過的花，誰知道你美啊，那個女神太傻了，要想遠一點啊～」

「哈哈哈哈哈哈哈！」我整個笑到翻過去，覺得他好像是在說維納斯沒腦，我真的太沒禮貌了。

「我說錯了嗎？你為什麼笑得這麼開心？」

「沒有！你沒有說錯，我自己笑得開心，是覺得你講話很有趣，你的看法跟我完全不一樣，是我完全沒有想過的，但是又好有道理，就覺得太有趣、太被啟發了！」

「這樣啊！那你再多跟跟我講話啊！」

「那如果你是維納斯，你不會哭嗎？」

「不會啊，我會讓自己變成多一點的維納斯，跟我一起開很多花一樣，一個如果在哭、另一個就盛開，不用大家都在哭，太笨了！」

「哈哈哈哈！那如果你都大大地盛開，結果都沒有喜歡你的人來呢？」

「怎麼可能？如果沒有喜歡我的人或昆蟲、我怎麼會長成這樣，一定是因為有人深深喜歡我、只需要我，而我也知道我需要他，才會是長這個樣子的啊！就如同你一開始說的，我是特別的顏色，所以也會有特別需要我的來找我，你懂嗎？就像是維納斯，他也有特別喜歡愛的人，才會喜歡他啊，不愛的人不會找愛。喜歡要練習，才會更喜歡，喜歡後才知道什麼是不喜歡，大家都是這樣的，誰像維納斯傻在那邊哭，如果什麼都不做，是不會有愛的，愛是一種要一直做才會讓人知道那是愛，不然連個聲音都不是。」

「愛不是聲音。」

「對紫羅蘭來說，聲音不會讓我感覺到愛，我們傳遞愛的方式是頻率、是味道、是顏色、是表現喜歡給我看，因為他們會懂，我的存在、我的長相才有意義。」聽完我深深吸了一口氣。

「你知道嗎？」

「知道？」

「你知道？」

「我是問你知道什麼？」噗～我太心急了我！

「我想說的是，你的講法真的很好、很棒！因為很多人類都覺得自己長得很醜，或是很不特別，一定不會有人喜歡自己。不只是戀愛的那種喜歡喔，是連一般的關係都覺得自己不被喜歡，當然他自己也不會喜歡自己，所以更覺得大家都不會喜歡他，覺得自己是一無是處的醜八怪……」

「真的有人會這樣？」

「對唷，我跟這樣的人講過話，坦白說……我完全不知道該說什麼……」

「你也不喜歡他嗎？」

「不會啊，但是也沒有到喜歡，我誠實地說。但是我並不覺得他討人厭，或是他不值得人喜歡，我跟你想的一樣，每一個人都有天生值得被喜歡的權利，也一定真的有人會深深地喜歡他，但是要讓自己有機會被看見，當然也是需要持續嘗試的，但我不知道怎麼勸他們……」

「他們不知道什麼時候應該開花是嗎？」
「也可能忘了開花的能力。」
「那不對啊！」
「你覺得這麼辦才好？」
「帶他們去曬太陽！」
「蛤！這樣有用嗎？」
「有唷，沒有生物遇到太陽是不開放的，這是太陽的意義，這是大家喜歡太陽的原因，所以帶他去曬太陽吧！」
我認真地看著他，想著他的說法。
「好！我帶他們去曬太陽！」
「曬吧！曬到開花，想起自己被愛的樣子。」
「一起想起來！」

關於紫羅蘭的冥想

請選擇一個有太陽的時段，清晨也好、中午也好、傍晚也好；找一個舒服的空地或是大樹下，讓自己好好地陪太陽一下，讓自己慢慢舒展開來，然後試著想起一些對你笑得很甜的臉。他們需要你，而你也是。

來自紫羅蘭的提問

想起一個別人需要的瞬間，
你就會知道自己多可愛，知道嗎？

22

看見我的人

「雖然你長得不快，但是你一開始長就很難防。」我對著毛蕊花說。

毛蕊花也是一株可以往上直直長的植物，第一年緩慢地生長有點毛毛的葉子，第二年成熟後才會開花，原本是黃色的，現在被培養出很多顏色。最高可以長到三公尺，花是慢慢幾朵連著幾朵開上去的。一株毛蕊花可以生產出十萬餘的種子，可以在土裡等非常多年，等好的時間才生長。

「其實在滿多地方，都覺得你很強勢。」我對他說。
「為什麼？」
「因為你們真的很會長，只要森林有裸露的空地，或是有些廢棄的地方有空地，你們就會毫不客氣地長出來，而且還長得比本來生長在這片土地上的植物好，然後你又多產，你真的是太優秀。」我感嘆地說。
「所以他們為了要跟我競爭，也會變好的！」
「才不會咧～他們會被你幹掉！」
「你確定？」
「誒～也沒有真的很確定啦，但是多數的地方都知道，你強勢又霸道，真的搶了很多地方啊！」
「所以那些地方少了些什麼呢？」
我倒抽一口氣，功課沒做到那裡，我只好心虛又小聲地說：「我不知道。」

「我也不知道。」

「蛤？」

「我說『我也不知道。』」

「蛤？」

「我所在的地方，一直都有別的植物啊，所以到底有誰特別被我趕跑了呢？或是說如果他不能在我身邊，他就一定死了嗎？誰知道呢？如果真的都死光了，誰知道？是活下來的跟你說，我快要把他弄死了嗎？」他望向我這邊，並繼續說下去。

「所以你跟我都不知道的事情，你卻說得很像真的一樣，而我只是老老實實地想活下去，在這片土地上，誰不是呢？」我聽了他的話，沉思了一會。

「我確實無法說出，誰是真的被你給驅趕了，可能說弄死了有點誇張，但是因為你的生長方式跟速度，真的會讓其他的植物沒有空間。」我吸了一口氣繼續。

「而且你生產種子的方式非常大量，也許第一年看不出來你的厲害，但是第二年開始，你開始慢慢地、分階段地散播種子，而且你的種子甚至可以在土地裡面存放十年，這是比很多植物都更為優異的條件，讓大家只能贏在起跑點，接下來的日子就變成你的世界。所以有些地方才會覺得你強勢又霸道，於是也有些地方開始專門在移除你，而且用很多方式在移除你。」一口氣講完，我自己有點緊張。

「但是……」他一停頓，我更緊張。

「聽你講得這麼激動，不就是表示大家都不知道該拿我怎麼辦？」

「誒～」

「對吧？」

「對。」我們突然一起笑出來。

「只是想活好，也不是大家都會讓你好活的。」我望向他。

「你說得很對。」

「大地媽媽沒分過誰，誰到哪就是哪，但是就有人，或是像你們這樣的植物會給我們好看的，我不是沒受傷過、沒衰弱過，只是想著那些，我們並不會變好，所以我們花時間給自己，努力讓自己更好、更好長、更有效率，對我們真的有意義的事情才做，如此而已。」

「其實～大家都如此而已，是我們人類又設定了很多標準，然後又拿出來說，又要要求大家。」

「不過按照你說的，大家好像也沒在聽，不然我不會長得如此的……強勢又霸道！」聽得我笑出來。

「哎唷～」

「哈哈哈哈哈哈！」毛毛的葉子笑聲，聽起來真的很低調、很悶。

「誒～不說你不好，來講你的好，其實人類很愛用你！」

「這時候又愛我了？」

「愛很久了唷，愛你超級多。又把你拿來當火炬，因為你的光源可以維持很久。就是因為你可以維持的光，在薩滿的儀式之中，覺得你是領引靈魂的嚮導，也覺得你可以形成巨大的火焰，也是強壯力量的展現。

而且你做小火也行，就是揉得小小的泡在油裡，就可以當蠟燭的燭芯，你都不知道你造福了多少在黑暗中需要光的人。

還有、還有！在很久很久前，就有人發現你的身體可以治療人類，特別是針對呼吸系統，可以具體改善咳嗽；還可以使用在皮膚，協助消炎止痛。而且聽說不只是人可以用，連牛也都可以使用！還有很多其他的自然療法，都有提到你有用的功效呢！」

「那還嫌我們太多？」

「可能你已經夠用了，但是你自己不知道！」感覺他瞪了我一下！

「啊！還有一個你的故事！」

「說來聽聽……」

「據說有一個叫荷馬的人，寫了一個叫做《奧德賽》的故事，故事裡講了很多，但是關於你出場的地方，是奧德賽被狂風吹到一個孤島上：那個島上的女巫見到入侵者很不高興，所以把人類都變成了豬，只有奧德賽沒有變成豬，原來是因為奧德賽在來之前，信使之神赫密斯送給他『神草莫莉』，在神草的幫助下，就沒有被魔法控制。而女巫為了了解破解祕密的方法，就也沒有殺掉奧德賽，反而還照顧了他一年。」

「所以我以前叫做神草莫莉？」

「你問得好，這個據說是因為女巫後來發現神草是你，也就是『毛蕊花』，但女巫不希望別人知道這個祕密，所以故意不說出你本來的名字，讓大家一起誤會，好讓他自己可以繼續維持強大。」

「聽起來我們都一樣，先想著持續變強大。」

「是女巫跟你一樣。」

「你難道就不一樣嗎？」

「誒～我……誒、我們都一樣。」我低頭踩了自己腳一下。

「對不起，我又鬧彆扭，又想要覺得你不對！」

「沒關係啊，我的對與不對，也不是你說的算啊！」

「哈哈哈哈哈～對啦！你真的想得很開！」

「我是沒空想那些沒用的事情！」

「你覺得是誰發現你不是莫莉，而你就是你的啊！」
「清醒的人。」
「誰是清醒的人？咳嗽的那個人嗎？」
「如果他咳到我面前，就突然變好，他應該叫幸運的人。」我聽得笑到不行。
「你真的很幽默捏～」
「我每次生長出來，都要等很久……」
「我知道，你雖然很會長，但是每次起碼都等上一年，才能真的開始長。」
「所以如果我不試著去了解世界，去看看大家在想什麼，講一些東西讓自己開心，看著自己什麼都不是的樣子，也還不確定自己能不能長出來，我需要有很多種方式陪伴我自己啊！」

「所以像是找到可以講話的人？」

「或是說可以鬥嘴的人？」

「只要是可以看見你的人。」

「你說對了。」

「看見我的人，就是那個清醒的人。」

關於毛蕊花的冥想

自然地呼吸一分鐘，然後深吸深吐七次，然後快吸快吐三十回，吸氣的時候盡量把空氣吸到肚子，一次比一次下去，吐的時候盡量大力吐出來，堅持完成三十回合，感覺自己身體的熱度燃燒了起來。

來自毛蕊花的提問

連自己都無法好好看著自己的時候，
你會做點什麼呢？

23

認得一朵花

「你長得很難忽略呢！」我蹲下來看著乳薊，但離滿遠的。

乳薊的葉子很大片，長型，並且有著明顯的白色紋路，遠遠看會以為裂開了，實際上就是白色的紋路，並且葉緣充滿了淺黃色的小刺。乳薊開花的時候真的很具體，花蕊是白的，紫色的花是一根根的管狀，感覺像是紫色的刺蝟，下面有著很大的花苞，完全乾燥後，種子會帶著毛增加移動範圍。

「坦白說我第一次看到你，以為是假的花。」

「為什麼？」他不解地問我。

「因為你跟我認識的花，都長得不太一樣，我以為你是做出來的？」

「為什麼要做得跟大家認識的都不一樣，這樣不會認不出來是花嗎？」

「誒！你說的很對捏！」

「所以我只是你不認識的花，而你認識的花很好。」

我笑到不能自己，覺得他說的又狠又對。

「你常這樣嗎？」

「你是說笑得很大聲？還是很無知？」

問完我接著回答：「都滿常的吧，笑得大聲多數是因為覺得有趣，

不管是因為什麼原因；無知是真的更常發生，世界太多東西不知道，有

時候只會用自己理解的去看世界，猜對通常是好運，但是猜錯而產生誤解是很常發生的事情，或是說……今天很幸運，你告訴我我是錯的，但是更有可能的是……我連自己錯都不知道，然後一錯再錯……」

「沒救了嗎？」

「哪一部分？」

「一錯再錯的部分。」

「別人的情況我不知道，因為人類喜歡忙的事情很多，思考不一定在其中，我自己也不一定都能好好思考。但是我有時候會好好花時間去思考一些錯誤，也可能是因為我錯了太多次，被自己的愚蠢給驚訝到，也有可能是因為沒有犯錯，但是因為光是看到會讓自己在意的事情，就忍不住停下來問自己為什麼還在意？爲什麼還是會生氣？」

「有結論嗎？」

「每個階段的結論都是暫時的。」

「嗯？」

「因為我還是在改變的狀態啊，現在覺得對的事情，以後可能不看重吧。」

「現在不認得的花，以後就可以認識。」他邊笑邊說。

「現在會生氣的事情，以後也想不起來。」

「你生過什麼氣？」

「人的氣啊，我幾乎只會生人的氣，我面對動物跟植物會發生的情緒，比較是『困惑』。」

「困惑什麼？」

「就是你們為什麼可以這樣想啊，植物真的就是一直長就會快樂了嗎？動物做自己就夠了嗎？這些很人類邏輯的困惑，對你們來說根本不是問題的疑問。」

「你要不要問我？」

「誒～好啊～你只想當你自己就夠了嗎？」

「我不只是我自己啊～」

「怎麼說？」

「我是接收太陽、風、水跟空氣的植物，面對不同的他們，我不是用一個狀態來面對，我也有需要收斂或是反抗的時候，當我無法拒絕的時候，我也會不面對、不接受，然後因為停留在一個狀態，身體也會不舒服啊，即便我已經這麼會對抗世界了。」他給我看他的尖刺。

「依舊有無法對抗的，昆蟲來就來，說吃就吃，你們人想拔就拔，想剪就剪，我的內在努力分泌汁液回應，不讓自己繼續受傷。但是我也不能就專注受傷，我要先告訴自己，穩住傷口繼續生長，接受受傷的事實。不想死，當自己接受變化才是日常，不是一味地當自己就夠了。」

「我需要思考一下，因為你跟其他植物說的好像有點差異。」

「你又拿你知道的來跟我比較了！」

「蛤？」突然被他這句嚇到。

「我既然不是你認得的花，聽我說、了解我，不是才是正確的嗎？誰能證明我，或是說明我呢？」

「沒有，沒有任何植物可以取代你，而且其實你存在很久了。」

「很久也是有人不認得啊，有些植物可以長在任何地方，被大家用同一種視角認得，有些植物只能長在特定的地方被認識，大地給我們我們所需要的，但是人會用自己的標準去分類我們。」

「你說的倒是真的！因為從以前你就被認為是超有用的藥草，現在甚至更有用。很久很久以前的古羅馬人就發現你可以排毒。然後在《聖經》中，耶穌母親聖母瑪利亞在哺乳的時候，無意間將乳汁滴落到地上，讓你長出了白色的紋路，體內還會流淌著乳白色汁液，所以你又被稱為『聖母瑪麗亞的乳汁』。到了現代，人類發現你的成分對於保護肝臟很有用，而且又可以有效修復受傷的肝臟，加上你全身都可以使用，對人類來說真的好處多多。」

「聽起來，從開始喜歡我之後，你們就一路喜歡到現在？」

「對啊，後來就越來越喜歡，還越使用越多。」

「如果有天發現我有問題呢？」

「那……應該就是拋棄吧……？」

「毫不猶豫嗎？」

「不至於啦！人類一定又會花很多時間證明你有問題，然後再揚棄你。」

「所以不管我是怎樣的植物，都是你們說的算，你們決定我們的價值與意義？」

我深深嘆了一口氣又低下頭，他的刺稍稍劃過我。「是的。」

「聽起來跟我沒什麼關係啊。」

「蛤？」

「因為你們說的算，並不影響我的價值跟意義，我還是自己面對太陽水風，我身體受傷也是我療癒自己，不是靠你們，也不是聽你們的。」

「你真的跟我們都沒關係嗎？」

「我們的關係，不是你說的有用、沒用的關係，如果你們只有這種單向的需求，沒有植物會跟你們有關係。沒有一種植物只向上長，而不會同時往下生根；也沒有一種植物追求太陽就不要月亮，他們都是光。植物不是選擇成為什麼，而是統合而成為什麼，代表著我們花時間在思考的是，有用的事情如何顯化在我的生命體裡面，因為我才是最重要的。讓自己變成對人類有用的植物，對我來說、對我的生命體來說，有任何意義？會有任何的意義可以延續到我的身上、我的族群嗎？」

「有時候人類會因為你們有用，讓你們變得更強大。」

「然後有一天發現我不夠用了，就不要了。」

我無法回應。

「這是你說的，跟你一開始一樣，一件事情你不認得，你就開始用你認得的方式去理解，這一定會產生誤解的啊，對比是對比、認識是認識；你不跟我一樣花時間理解哪些是真的可以協助自己的資源，而是一直在對答案！春天過了，我不會再發芽，秋天過了，我不會再結果；在對的時間，整合對的資源才是回應這世界，證明我是對的。不是你們人說的算，一直都不是。」

我大大吐了一口氣。

然後我們一起沉默很久。

「只是跟你講話，我也覺得我肝排毒了。」

「所以我很有用。」

「用你的說法是，我正在整合你給我的訊息，讓它在我的生命體有意義，不只是有用而已。」

「喔~那你認得我了。」

關於乳薊的冥想

找到一朵乳薊，只有圖片也很棒，試著跟他討論一件你困惑的事情，需要提出三種不同的觀點，讓自己在這樣交叉的意見之中來回，對自己有信心，也有耐心地敘述，乳薊一定會守護你好好排毒。

來自乳薊的提問

上一次學習一個全新的事情是什麼時候？
新的事情會讓你對自己有什麼誤解嗎？

24

我最在意的還是我自己

「你是活很久的樹，你知道嗎？」我問著黑雲杉。

我很喜歡黑雲杉，他那藍紫色的毬果往上抬頭長，間雜在細細的樹葉裡，也有幾顆未成熟的綠果，我常常覺得好像在給我們禮物一樣，而他們的種子是要等待天時地利人和才會迸發出來的生命。黑雲杉筆直的身軀，樹枝們維持空間的生長，跟他的葉子一樣井然有趣，我在想，那是長壽的原因嗎？

「你們長得很規矩，很多都是對稱圓型地長，這是你們比較長壽的原因嗎？」

「我們只是活到該倒下、就倒下，我倒下的時候，很多植物都在，誰比較久，誰會知道。」

「那你知道你這種樹，是真的存在世界上很久、很久了嗎？所以你們很可以在很高、很冷或是水氣很重的地方生活，因為你們的族群經過好多種考驗了，所以一直維持到現在。」

「如果你這樣說，我稍微明白些，確實我們在這塊土地上很久了。」

「所以你們很喜歡這塊土地吧，所以才會一直來，一直存活著看這塊土地。」

「是的，我不只是想活而已，我想跟這片土地一起活。」

「你也有活過不好的時候吧？」

「有的⋯⋯」感覺他瑟縮了一下。

「但是晚到的雨還是會到，太陽終究會溫暖起來的。」他繼續說。

「沒有感到很絕望，或是很擔心自己死掉嗎？」

他笑了一下，「我們要死掉不容易，因為我們是堅持很久才出世，出世花了很多力氣把自己站好，一旦開始站好了，我們沒有退卻往太陽的路唷。」

「所以沒有難過過嗎？」

「難過的事情很多啊～」

「藤蔓纏繞我、附生植物太多、會來的鳥不來、爬樹的松鼠因為追捕掉下去折斷我的樹枝，或是好不容易藏在身上的雨水，太陽一來就蒸散了，可以難過的事情太多了⋯⋯」

「那！那！怎麼辦？」

「難過完繼續下去就好，今天的太陽不滿意，好險他還會再來；每年來的動物都不一樣，終於也習慣認識新朋友；腳底下過多的濕氣，偶爾遇到大火，燒傷了我一些，但是也釋放我的種子。不好的事情，活著沒有不發生的，好的跟壞的事情，其實就是我喜歡跟我不喜歡的事情，輪流在發生而已啊！」

「所以一直發生好事情跟一直發生壞事情，對你來說是一樣的嗎？」

「不一樣啊，喜歡跟不喜歡也不是一樣的，就是因為不一樣，我才會知道我喜歡什麼啊。在面對一樣重覆的世界，如果我不清晰，世界怎麼會明白呢？」

我仔細回想他的話。「我不太懂，你可以再多說一點嗎？」

「你喜歡的事情，跟你不喜歡的事情一樣嗎？」

「不一樣。」我認真地搖頭說。

「那喜歡的事情，放在不喜歡的事情旁邊，喜歡是不是變得很明顯？」

「對！」

「那不喜歡的呢？」

「有些時候會變得很明顯，有些事情我就忘記了。」

「那喜歡的事情呢？」

「就會變得更喜歡，或是說也會慢慢變成生活的習慣，選自己喜歡的。」

「那時候的喜歡有什麼特色嗎？」

「會讓我覺得很安全也很開心。」

「我也是啊，所以我就是把從以前活到現在，喜歡的事情全都放在一起，我發現我喜歡的越來越多。我不喜歡的那些，就是我不習慣的，不習慣的不會記住，已經習慣的喜歡也不會那麼愛。當喜歡跟不喜歡放在一起的時候，我不過就是想起『啊～這個是喜歡，是我現在開心的原因』、『喔！那個討厭的事情發生了，但是它會過去的，因為一直都是這樣的啊！』所以是我決定我的感受，不是事情來影響我的喜歡啊！」

「喔～這樣我就懂了！所以你可以今天喜歡雨，明天不喜歡雨，因為突然太多了，你反而會希望今天喜歡太陽，是嗎？」

「對啊，所以如果不喜歡的也都可以是喜歡的，喜歡跟不喜歡都是因為我，那就代表，我最在意的還是我自己，那多棒啊！」

「我真的懂了！」

「我喜歡你。」

「我剛才沒有喜歡你，但現在喜歡你。」我調皮地說。

他一把葉子往我臉上揉，我笑得很大聲。

「不過我也想跟你說，我覺得很妙的是你的故事跟功用。」

「是什麼呢？」

「以前有一個地方叫北歐，那邊有兩夥人很愛打架，但打架也是會打累的！」

「對啊！不喜歡也很累。」

「真的！然後他們就決定交換人質，那個意思就是說我把我這邊的人送去你那邊，你那邊也送人來，用這樣的交換確保和平，因為彼此都有對方的人，如果持續打架會打到自己人！」

「聽起來滿聰明的，把喜歡跟不喜歡融合在一起。」

「對！差不多那個意思，然後其中一夥人交換出去的人，其中一個是俊美的傻子，一個是智慧的老人密米爾。密米爾自己清楚，如果對方發現自己族群帶著一個傻子來交換，他們一定會再發動戰爭，所以很努力地幫助傻子不要被發現，但是故事中的祕密總是無法隱藏，當祕密被發現就一定要流血，所以密米爾就被砍頭了！但是另一族的領袖奧丁很珍惜密米爾的智慧與經驗，所以就用你來修復密米爾！雖然最後密米爾只剩下一顆頭，但是卻變成奧丁最重要的顧問之一。」

「所以我活這麼久，就出場這麼一下！」

「但是你就出場這一下，智慧就留下來，而且很妙！現在人類在談論精油的功效，就是拿你的身體不斷淬煉、再淬煉，讓你的味道跟成分濃縮再濃縮，其中就有談到你對於兩個情況很有幫助：一是面對突如其來的巨大壓力，可以協助人堅持下去，這個是還好，多數長壽的樹都有這個功效。但是第二個功效，是說黑雲杉可以幫助在成長過程中自卑的人、無法有效展現自己的人，在適當的機會好好發揮！適合大器晚成的人！」

「你也這樣覺得自己嗎？」我不禁問著。

「你是說幫助不自信的人嗎？」

「也可以說是大器晚成的人，換句話說，就是比較晚才發現自己才能的人。」

黑雲杉停下來思考了一會兒。「我好像是可以理解的，因為我也是花很多時間才了解自己，然後才把關注向外，才開始跟這世界有更具體的互動跟要求，所以你說我們比較晚才被世界看見，是的！因為為了站穩腳跟，讓自己可以長得高、活得久，我們花了比較多時間掌握自己，那個時間可能久到像你說的，其他植物都死了，而我們還活著，所以只剩下我們。」

「也是一種大器晚成。」我接著說。

「可以大器就好。」

「可以生氣也好。」我俏皮地接著說。

「可以生很大的氣也好！」

「為什麼？」

「這樣種子可能會出去得更快一點！然後我們又可以活更久了！」

說完我們笑成一堆。

關於黑雲杉的冥想

想像自己年老的樣子，感受那樣的自己會因為什麼事情而感到快樂，進而去思考，現在做什麼才能讓未來的自己快樂！

來自黑雲杉的提問

你今天過得好嗎？

那些植物教我，關於活著的事

春花媽與藥輪植物的人生對話與冥想練習

作　　者　春花媽
裝幀設計　朱疋
插　　畫　朱疋
責任編輯　王辰元
校對協力　譚華齡

發 行 人　蘇拾平
總 編 輯　蘇拾平
副總編輯　王辰元
資深主編　夏于翔
主　　編　李明瑾
行銷企畫　廖倚萱
業務發行　王綬晨、邱紹溢、劉文雅

出　　版　日出出版
新北市 231 新店區北新路三段 207-3 號 5 樓
電話：（02）8913-1005　傳真：（02）8913-1056
發　　行　大雁出版基地
新北市 231 新店區北新路三段 207-3 號 5 樓
24 小時傳真服務（02）8913-1056
Email：andbooks@andbooks.com.tw
劃撥帳號：19983379　戶名：大雁文化事業股份有限公司

初版 2 刷　2024 年 9 月
定　　價　520 元
I S B N　978-626-7460-19-1
I S B N　978-626-7460-16-0（EPUB）

國家圖書館出版品預行編目(CIP)資料

那些植物教我，關於活著的事：春花媽與藥輪植物的人生對話與冥想練習 / 春花媽著 . -- 初版 . --
新北市：日出出版：大雁出版基地發行 , 2024.05
面； 公分
ISBN 978-626-7460-19-1（平裝）
1. 靈修 2. 植物

192.1 113005149